Professores extraordinários

© LITERARE BOOKS INTERNATIONAL LTDA, 2021.
Todos os direitos desta edição são reservados à Literare Books International Ltda.

PRESIDENTE
Mauricio Sita

VICE-PRESIDENTE
Alessandra Ksenhuck

DIRETORA EXECUTIVA
Julyana Rosa

DIRETORA DE PROJETOS
Gleide Santos

RELACIONAMENTO COM O CLIENTE
Claudia Pires

EDITOR
Enrico Giglio de Oliveira

ASSISTENTE EDITORIAL
Luis Gustavo da Silva Barboza

REVISORES
Samure Prezzi e Ivani Rezende

CAPA
Victor Prado

DESIGNER EDITORIAL
Lucas Yamauchi

IMPRESSÃO
Gráfica Paym

Dados Internacionais de Catalogação na Publicação (CIP)
(eDOC BRASIL, Belo Horizonte/MG)

P964 Professores extraordinários: como cuidar da saúde mental e emocional dos docentes? / Coordenadora Daniela Rocha. – São Paulo, SP: Literare Books International, 2021.
240 p. : il. ; 14 x 21 cm

Inclui bibliografia
ISBN 978-65-5922-157-8

1. Educação. 2. Prática de ensino. 3. Professores – Saúde mental. I. Rocha, Daniela.
CDD 371.72

Elaborado por Maurício Amormino Júnior – CRB6/2422

LITERARE BOOKS INTERNATIONAL LTDA.
Alameda dos Guatás, 102 – Saúde– São Paulo, SP. CEP 04053-040.
+55 11 2659-0968 | www.literarebooks.com.br
contato@literarebooks.com.br

MISTO
Papel produzido a partir de fontes responsáveis
FSC® C133282

COORDENAÇÃO EDITORIAL
Daniela Rocha

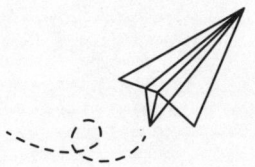

Professores extraordinários

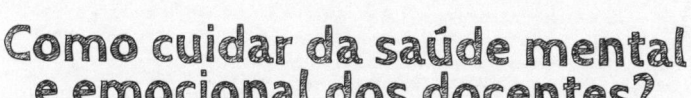

Como cuidar da saúde mental e emocional dos docentes?

Literare Books
INTERNATIONAL
BRASIL · EUROPA · USA · JAPÃO

SUMÁRIO

9   PREFÁCIO
    Bete P. Rodrigues

13 *COACHING* EDUCACIONAL NA PRÁTICA
    Daniela Rocha

23 DISCIPLINA POSITIVA: UMA MUDANÇA DE PARADIGMA PARA PROFESSORES EXTRAORDINÁRIOS
    Bete P. Rodrigues

31 PARA ALÉM DOS MUROS DA ESCOLA: OS IMPACTOS DA SÍNDROME DE BURNOUT NA VIDA DOS PROFESSORES
    Bruna Pedro

39 COMO POSSO ME PREPARAR PARA ENFRENTAR O *BULLYING* ESCOLAR: TECNICAMENTE E EMOCIONALMENTE
    Carmem L. C. Dutra e Silvia Lima

49 A ARTE DE CONVIVER: MEDIAÇÃO DE CONFLITOS NA ESCOLA
    Carmen Silvia Carvalho

59 ENXERGAR ALÉM DE VER: A JORNADA EXTRAORDINÁRIA DE UMA PROFESSORA COM SÍNDROME DE IRLEN.
    Cássia Nogueira

67 COMO DESVENDAR E ENTENDER O PERFIL COMPORTAMENTAL DO PROFESSOR
    Conceição Oliveira

77	COMO PROMOVER A SAÚDE MENTAL E EMOCIONAL DOS PROFESSORES DA EDUCAÇÃO INFANTIL? **Daniele Fernandes**
87	HISTÓRIAS PARA AQUECER O CORAÇÃO **Daniella de Moura Pereira Robbi**
97	OS DESAFIOS PEDAGÓGICOS E MENTAIS ATÉ A CHEGADA AO NOBEL DA EDUCAÇÃO **Doani Bertan**
105	CUIDANDO DE QUEM CUIDA **Fernanda Costa Larcher e Vanessa Mondin Martins**
115	PROFESSOR, VOCÊ ESTÁ OCUPADO OU ESTÁ PRODUZINDO? **Fernanda Pires**
125	A AUTOSSABOTAGEM NA ATUAÇÃO DOCENTE **Iaçanã Lópes**
133	COMO O PROFESSOR PODE DESVENDAR OS SEGREDOS DE UMA VIDA E DOCÊNCIA EXTRAORDINÁRIAS POR MEIO DA EDUCAÇÃO PARENTAL **Jacqueline Vilela**
143	O CAMINHO PARA TORNAR-SE UM PROFESSOR EXTRAORDINÁRIO E EMOCIONALMENTE PREPARADO **Juliana Péterle de Assis Falçoni**
155	A RELAÇÃO PROFESSOR E FAMÍLIA PARA O SUCESSO PEDAGÓGICO E EMOCIONAL DO DOCENTE **Ligia Souza**
163	A FORÇA DA VULNERABILIDADE DOS PROFESSORES EXTRAORDINÁRIOS **Lília Caldas**
171	O PODER DA AUTOTRANSFORMAÇÃO PARA TRANSFORMAR A SALA DE AULA **Lorena Villar e Daniela de Abreu**

183   AS COMPETÊNCIAS SOCIOEMOCIONAIS DO PROFESSOR EXTRAORDINÁRIO
Maria de Fátima Fernandes

193   LÍDERES INSPIRADORES E SEUS PROFESSORES EXTRAORDINÁRIOS
Narcizia de Sousa Bezerra Gomes

201   AS LINGUAGENS COMO FERRAMENTA PARA A CONSTRUÇÃO DE VIRTUDES NA FAMÍLIA E NA ESCOLA
Patrícia Campos

211   COMO ALCANÇAR O EQUILÍBRIO EM DIFERENTES ÁREAS DA VIDA E VIVER UMA DOCÊNCIA EXTRAORDINÁRIA?
Paula Souza

221   MÉTODO VER: UM NOVO OLHAR PARA O FUTURO DOS PROFESSORES
Samia Melikian

231   GINÁSTICA CEREBRAL NO DESEMPENHO PROFISSIONAL DO DOCENTE
Silvia Doná

PREFÁCIO

Ser professor é para corajosos. Acredito sinceramente que há valor em toda e qualquer atividade profissional, mas é indiscutível a enorme influência dos professores na formação de uma sociedade. Estamos falando de uma das profissões mais necessárias e importantes – a que se responsabiliza por educar, ensinar, ser um exemplo para crianças e jovens. Afinal, a escola é uma mini sociedade na qual crianças e jovens têm diariamente a oportunidade de aprender a conviver, a resolver conflitos, a comunicar-se e a desenvolver tantas outras habilidades socioemocionais, além do acesso a conhecimentos teóricos e práticos construídos ao longo da história da humanidade.

Ser um bom professor é para pessoas muito corajosas, perseverantes, decididas, determinadas e ousadas. Muitos professores ainda se limitam a repetir conteúdos e exigir que seus alunos apenas decorem e reproduzam esses conteúdos nas provas porque acreditam em uma "educação bancária" - tão bem criticada por Paulo Freire. São os professores "transmissores" que, erroneamente, querem "enfiar goela abaixo" um conhecimento já acessível aos seus alunos por meio de um clique em seus *smartphones*. Isso não é educar – palavra que vem de *educaré* e significa extrair, retirar.

Alguns professores têm o dom da oratória e suas aulas mais parecem um "show" – agradam muitos, mas têm uma eficácia limitada porque os alunos continuam exercendo um papel muito passivo diante desses palestrantes entusiastas.

Existem professores de todos os estilos e tipos:

- os que acreditam que precisam ser autoritários para terem autoridade;
- os que são permissivos e não sabem exercer uma liderança eficaz e democrática com limites e regras justas e respeitosas para todos;
- os negligentes, que "fingem que ensinam" enquanto seus alunos "fingem que aprendem";

- os especialistas na matéria que ensinam e, por isso, escolheram uma profissão que os forçaria a estudar o assunto por muitos e muitos anos;
- há professores - e profissionais em todas as áreas - que só reclamam de tudo e todos, mas que, infelizmente (para todos e especialmente seus alunos), não têm coragem de abandonar a profissão e tentar algo diferente;
- e há os professores que simplesmente amam sua profissão e seus alunos e procuram fazer o seu melhor, nas suas interações diárias, pelo exemplo e coerência entre seu discurso e suas ações.

Eu sou professora. Não sou facilitadora, nem tia, nem nenhum outro nome "da moda". Tenho orgulho da minha profissão e acredito no poder da Educação e do Conhecimento para transformar pessoas e o mundo. Essa é uma das áreas da minha vida (a profissional) que me faz sentir plena. (Outra área que me traz muita felicidade é a dos relacionamentos familiares – ser mãe foi outro grande divisor de águas!) A possibilidade de influenciar vidas por meio das nossas palavras e ações é um caminho para a felicidade. Sei que meus colegas de profissão se identificam e reconhecem essa felicidade quando observam o aprendizado de um aluno: a alegria da descoberta, o sorriso confiante, o olho brilhando com a possibilidade de compreender ou fazer algo novo, graças a um conhecimento apresentado por você. Nos dá uma sensação de contribuição e importância indescritíveis.

O Magistério deu um propósito para minha vida. Depois de atuar nos mais diferentes contextos (escolas particulares e públicas, cursos livres, universidade, instituições sociais) e funções (coordenadora, diretora de escola, orientadora e consultora educacional), sabia que continuaria a lecionar mesmo depois de me aposentar porque hoje não é mais só minha profissão, é mesmo missão. Ah! Têm os professores que vão achar essa história de missão "pieguice", mas esses não são professores, apenas estão professores...

Às vésperas de completar 40 anos de Magistério, tenho refletido muito sobre o que diferencia um professor ordinário (comum, típico) de um professor EXTRAordinário e compartilho abaixo com vocês algumas das conclusões que cheguei.

Após um curso profissionalizante, acredita-se que um professor está pronto para compartilhar seus saberes técnicos. E deve estar. Mas, tudo muda e evolui e os professores extraordinários conseguem dar esse passo: mudarem também, reinventarem-se para atender as novas demandas sociais, econômicas, históricas e culturais. Um ótimo exemplo foi a pandemia do Covid-19 que alterou todo um modo de coexistir no mundo. Com a impossibilidade de aulas presenciais nas escolas, a grande maioria dos profissionais extraordinários encarou esse desafio como uma verdadeira oportunidade de aprofundar seus conhecimentos em estratégias digitais e ensino à distância. Os pais entraram na sala de aula on-line e os professores também invadiram as casas dos seus alunos, conhecendo-os ainda melhor.

Mas não são apenas nas estratégias que os professores extraordinários mostram sua resiliência e sabedoria. O olhar do professor extraordinário é diferente, é pedagógico. É um olhar para o aluno, que encontra o olhar do aluno e se conecta com ele. Que mergulha no mundo dos seus alunos e demonstra que se importa, que está ali por eles, para eles e principalmente com eles.

É preciso também ter muita coragem para aprender com nossos erros e fracassos (que são muitos): retomar aquelas aulas que não foram claras, saber dar limites e apoiar sem repreender ou tornar os alunos dependentes da nossa aprovação e elogio, ser capaz de verdadeiramente desenvolver habilidades sociais e emocionais neles, indo além dos conhecimentos acadêmicos.

Acreditava-se que um professor precisaria apenas conhecer muito bem o assunto da sua matéria, talvez algumas teorias de ensino-aprendizagem, metodologias, estratégias de ensino, materiais didáticos, enfim, tornar-se capaz de: elaborar um curso, planejar suas aulas, dar essas aulas da forma mais didática possível e depois elaborar e acompanhar os processos de avaliação dessas aprendizagens. Em resumo, são essas as competências técnicas necessárias para o professor. Na prática, há uma enorme, repetitiva, burocrática e interminável rotina de trabalho nos bastidores do Magistério: participar de reuniões pedagógicas, estudar, fazer cursos, elaborar materiais e aulas, preencher relatórios e diários, criar e corrigir provas (geralmente aos fins de semana porque professores, no Brasil, precisam dar muitas aulas semanais para ter um salário quase digno), lidar com muitos desafios decorrentes dos mais diferentes estilos de colegas de profissão, coordenadores, alunos e pais! Sim, toda comunidade escolar é afetada pelo trabalho do professor. Por isso, repito: para ser professor é preciso coragem.

São raros os que buscam glória e reconhecimento no Magistério, afinal, essa ainda é uma profissão pouco reconhecida e muito mal remunerada. Felizmente, isso está mudando. Acredito que um dos poucos saldos positivos da pandemia foi a valorização do conhecimento, do saber científico e, portanto, da necessidade e importância das escolas e professores na formação do senso crítico de toda uma sociedade. Os professores extraordinários são os que tiveram a coragem de encarar o desconhecido e focar mais na aprendizagem dos alunos do que no ensino. São os que sabem que podemos escolher o que, quem, quando, onde e como ensinar. Não são só tarefeiros e técnicos. Alguns nem colherão os frutos do seu trabalho de "semear", visto que aprender é um longo processo. Um exemplo disso é o professor que ensina uma criança pequena a escrever seu nome e que nem sempre vê os textos desse aluno que pode ter-se tornado um médico, líder político ou qualquer outro membro contribuinte e que pode fazer a diferença na sociedade.

Dizem que profissionais extraordinários são os que aprenderam a se divertir na trajetória, os que encaram o trabalho com otimismo e esperança e que procuram sempre fazer o seu melhor. E principalmente os que demonstram essa paixão pelo ofício de uma forma genuína e contagiante. Para sentir e demonstrar isso é necessário aprendermos a cuidar de nós mesmos: autoconhecimento, autocompaixão e autocuidado são algumas habilidades necessárias para a felicidade na vida profissional.

Neste livro, vocês terão a oportunidade de conhecer e aprender com colegas de Magistério e outros especialistas que nos ajudam a exercer nossa profissão com mais sabedoria e alegria. Aposto que você encontrará "conhecimentos" que irão além do como cuidar da saúde mental e emocional. Estamos falando de exemplos e experiências que farão a diferença na sua vida e talvez na vida de outras pessoas que você se relaciona. São todos autores extraordinários que compartilham suas abordagens, estratégias e metodologias para que nossa profissão seja mais leve e nossas relações mais saudáveis. Você vai se identificar, sorrir, se emocionar com os relatos pessoais e, principalmente, vai aprender e evoluir com as histórias desses autores extraordinários. Gratidão a cada um que generosamente contribuiu com a realização desse projeto e, em especial, à Dani Rocha que reuniu esse time incrível de pessoas extraordinárias!

Bete P. Rodrigues

1

COACHING EDUCACIONAL NA PRÁTICA

O *coaching* educacional é uma metodologia que utiliza ferramentas adaptadas para professores e busca a promoção do **autoconhecimento** e o desenvolvimento da inteligência socioemocional docente. Neste capítulo, serei sua *coach* e o guiarei nesta jornada extraordinária em busca de equilíbrio entre as áreas da sua vida e, principalmente, saúde emocional.

DANIELA ROCHA

Daniela Rocha

27 anos de experiência na área da educação, pedagoga, neuropsicopedagoga clínica e institucional, especialista em Inteligência Socioemocional Docente e *Bullying* Escolar, idealizadora da formação *Coaching* Educacional na Prática, autora do livro-caixinha *Coaching para professores* e *Caixinha antibullying*, coautora do livro *Inteligência emocional na prática*. CEO na empresa DNA Neuroeducação e *Coaching,* que já impactou mais de 10 mil educadores pelo Brasil. Empresa de Formação Continuada, Cursos livres e *Coaching* direcionados ao público docente e gestores educacionais.

Contatos
Instagram: @coachingeducacional_danirocha
danirochacoach@gmail.com
11 94505 5292

> *O grande segredo de uma boa vida é encontrar o seu destino e realizá-lo.*
> HENRY FORD

Imagine a seguinte situação

Professora Irene depois de cinco anos saiu do emprego, entregou o cargo à sua coordenadora pedagógica. Ela tinha uma quantidade alta no seu banco de horas referente a várias atividades extras em eventos, reuniões de pais, pedagógicas e passeios com os alunos. Ela trabalhava numa escola com um ambiente tenso entre os professores e a equipe diretiva.

Sua decisão no meio do ano letivo pegou de surpresa sua coordenadora pedagógica, que sabia do trabalho extraordinário daquela professora. Para não perdê-la, a coordenadora perguntou o que ela precisaria para ficar. Mesmo explicando para a coordenadora com muita educação que o ambiente da escola não a favorecia ser a professora que desejava e que a escola precisava urgentemente de uma mudança, a coordenadora ofereceu um aumento de salário para tentar mantê-la na escola, sem alterar as condições do ambiente escolar.

A grande verdade é que a coordenadora pedagógica, nesse caso, não acreditava na importância da **saúde emocional** dos seus professores.

Você acha difícil encontrar outros gestores escolares que focam exclusivamente no resultado do ano letivo e não no processo para atingir a meta educacional desenvolvendo a inteligência socioemocional dos seus professores?

Felizmente, cada vez mais instituições de ensino compreendem que o reconhecimento do profissional na escola, a valorização de suas práticas pedagógicas consegue algo que dinheiro não pode comprar, professores motivados, com clareza da sua missão, propósito e alinhados aos valores da instituição de ensino.

Como ajudar escolas a despertar o professor extraordinário em cada docente?

O *coaching* educacional e a pirâmide dos níveis neurológicos são importantes para indicar motivadores e caminhos para o equilíbrio da saúde emocional de toda equipe pedagógica.

O termo ***coaching*** apareceu pela primeira vez na era medieval, com a figura do cocheiro, homem que conduzia a carruagem de um lugar para outro.

O conceito de *coaching* surgiu por volta de 1830, na Universidade de Oxford. A palavra *coaching* vem da palavra inglesa "*coach*" e significa treinador.

O ***coach*** tem o objetivo de trazer clareza ao *coachee* sobre seu estado atual/desejado, potencializar habilidades e encorajar o cliente a entrar em ação utilizando metodologias e ferramentas específicas durante um processo de *coaching,* que facilitará o aprendizado e a conquista de suas metas.

O ***coachee*** é o indivíduo que está passando por um processo de *coaching* em busca de evolução pessoal e alcançar metas específicas.

> *O conceito de coaching tem como objetivo ajudar o coachee a conquistar determinado objetivo em um espaço de tempo muito menor devido à efetividade das técnicas aplicadas. Porém, para isso acontecer, é indispensável que coachee tenha definido claramente aonde quer chegar, esteja 100% comprometido a sair da zona de conforto para entrar em ação e esteja psicologicamente saudável.*
> INSTITUTO BRASILEIRO DE *COACHING*

O *coaching* educacional é uma metodologia que utiliza ferramentas adaptadas ao público docente, voltadas para o desenvolvimento técnico, emocional e comportamental de toda equipe pedagógica. É um processo pautado na confidencialidade e ética, não julgamento e compromisso entre o profissional *coach* e o *coachee*.

O profissional *coach* educacional é aquele que guiará os professores na jornada do autoconhecimento em direção ao seu legado **professor extraordinário.**

A pirâmide dos níveis neurológicos, adaptada à educação, auxilia a identificar em que momento da vida o professor se encontra e quais ferramentas o profissional *coach* educacional utilizará para guiar o professor no processo de autoconhecimento e alcance de suas metas.

A pirâmide do processo evolutivo foi adaptada à educação, visando compreender e exemplificar as necessidades dos profissionais da área. Quando temos professores com suas necessidades satisfeitas, temos profissionais mais motivados, felizes com seu emprego e com sua missão no mundo.

Segundo Maslow, os indivíduos só perseguem suas realizações pessoais depois de resolver as necessidades relacionadas à fisiologia, segurança, relacionamentos e estima.

Fonte: Formação *Coaching* Educacional.

Com a pirâmide acima, compreendemos a jornada dos profissionais da educação, ou seja, entendemos as motivações humanas, os "O QUE" e "QUANTO" motiva os professores e "QUEM", o seu papel no mundo e todas as histórias que farão parte do seu legado extraordinário.

Os níveis neurológicos ajudam a entender a jornada dos profissionais da educação.

O nível de **ambiente** está ligado a "onde e quando o professor age", o nível **comportamento** está ligado ao "o que o professor faz em um contexto específico?". Ambos conectados no sentimento de ter.

O nível de **capacidades e habilidades** está ligado ao "como minhas habilidades me direcionam?". O nível **crenças e valores** está ligado ao "por que minhas crenças e valores me impedem/motivam a fazer isso?". Ambos estão conectados à vida com comprometimento e ao sentimento de fazer.

Esses são níveis ligados à luz e à sombra de cada professor, com a dualidade de fazer e não fazer, ser ou não ser, ter ou não ter.

O nível **identidade** está ligado ao "quem sou e qual é o meu papel no mundo?". O nível **afiliação** está ligado com o "com quem eu me relaciono e a que grupos pertenço?". E o nível **legado** está ligado a "Quem mais será afetado ou levará algo que estou deixando como legado?". Esses níveis estão conectados com a vida com significado e ao sentimento de SER.

Por exemplo:

1. A lousa, o giz, os cadernos, a escola estão no nível AMBIENTE.
2. Escrever o conteúdo na lousa, as ações de como explicá-lo e as reações frente aos comportamentos dos alunos estão no nível de COMPORTAMENTO.
3. Seguir o planejamento de aula, controlar o tempo de aula, buscar participação dos alunos, ter estratégias para controle da indisciplina, inclusão e prevenção ao *bullying* estão no nível CAPACIDADES E HABILIDADES.
4. Acreditar que a educação transforma vidas está no nível CRENÇAS e VALORES.
5. Ser um professor extraordinário e identificar-se como tal está no nível IDENTIDADE.
6. Transformar vidas pela educação, ser transformado por ela e pela relação com o outro está no nível LEGADO.

A pirâmide das necessidades humanas indica que os professores, como todos os indivíduos, têm duas necessidades básicas a ser supridas: VALORIZAÇÃO e PERTENCIMENTO, ou seja, ao se sentirem valorizados no seu ambiente de trabalho e pertencentes a um grupo com o mesmo propósito, temos professores ligados intimamente à sua missão, e assim, um equilíbrio em sua saúde emocional.

Para nosso cérebro, o dinheiro é abstrato, visualizado com menos frequência e com poucos detalhes. Já o reconhecimento é um estímulo emocional que o cérebro visualiza com mais frequência. Nosso cérebro produz oxitocina intensamente quando nos sentimos valorizados e amados.

Imagine um grupo docente trabalhando sobre a influência de oxitocina.

Agora conseguimos compreender por que a oferta de dinheiro da coordenadora pedagógica para que a professora Irene ficasse na escola não funcionou.

O professor é peça fundamental na educação. Quanto mais motivado e suas necessidades satisfeitas, melhor será o seu desempenho profissional e sua saúde emocional.

O despertar do professor extraordinário por meio do *coaching* educacional promove autoconhecimento, tomada de consciência de seu estado atual e desejado, eleva a autoestima dos educadores, melhora o clima laboral, aumenta a produtividade, há maior capacidade de adaptação às mudanças e superação de obstáculos, equilíbrio entre as áreas da sua vida. E tudo isso gerará SAÚDE EMOCIONAL.

Existem inúmeros benefícios para professores, pais e alunos utilizarem ferramentas de *coaching* educacional e terem um especialista ao seu lado durante a jornada de autoconhecimento.

A motivação é um fator interno que dá início, dirige e integra o comportamento de uma pessoa com efeito sobre a aprendizagem e desempenho. A motivação compreende fatores e processos que levam as pessoas a uma ação ou à inércia em diversas situações. De modo mais específico, o estudo dos motivos implica no exame das razões pelas quais se escolhe fazer algo ou executar alguma tarefa com maior empenho que outras. (CRATTY,1984).

Horn (1992) considera que os motivos não são imutáveis, podendo alterar-se com o tempo, com novas experiências vividas, com determinados acontecimentos, com o contexto sociocultural e outros fatores diversos.

Na visão de Garvin (1993), melhorias contínuas requerem um comprometimento com a aprendizagem. Na ausência das aprendizagens, as organizações (escolas) e indivíduos (professores) repetem velhas práticas. Szilagyi & Wallace resumem que a mudança conduz num processo de aprendizagem no qual gradualmente indivíduos desaprendem padrões de comportamentos antigos e adotam novos padrões.

As teorias da motivação de Maslow (1943) e Herzberg (1959) têm sido mais utilizadas pela abordagem psicológica para o estudo da motivação em professores, pois são baseadas nas necessidades, conteúdo de trabalho e na avaliação das ações a partir das atribuições de causas e razões.

O *coaching* educacional é uma poderosa abordagem voltada para o desenvolvimento de habilidades e competências dos profissionais da educação. A promoção de momentos para o professor olhar para si e reconhecer seu estado atual/desejado, suas forças de assinatura, suas habilidades e competências, valores, crenças e pontos de melhoria fará com que ele compreenda o seu propósito como profissional da educação e viva essa missão com felicidade.

Imagine agora outra história, a história do professor Fabio.

Ele tem um diretor pedagógico que sempre se mostra presente, proporciona momentos para uma gestão democrática e autoconhecimento, parabeniza suas práticas pedagógicas, pontuando *feedbacks* claros e caminhos para atingir a meta educacional e equilíbrio emocional de toda equipe pedagógica.

Dizem que as pessoas não renunciam a um emprego, mas a um líder nada inspirador.

Sabe a escola da professora Irene?

A coordenadora ainda continua se perguntando o porquê tantos professores pedem demissão, mesmo com suas ofertas monetárias.

Algumas perguntas poderosas que sempre faço para os líderes educacionais e professores no início do processo de *coaching* educacional e vale muito você também responder são:

- O que diferencia o seu comportamento do comportamento do professor que inspirou você a ser professor?

- Como você quer ser lembrado pelos seus alunos?

- O que motiva você a se levantar todos os dias e ir trabalhar na escola?

- Quais são suas crenças relativas à sua profissão?

- Quem são as cinco pessoas que estão alinhadas com o seu propósito de vida e realmente irão ajudá-lo a chegar aonde deseja?

- O que você sente ao ser chamado de professor?

Fonte: Caixinha *Coaching* para Professores

Sabia que idealizei 100 perguntas poderosas como essas que você acabou de responder quando quase desisti da educação?
TUDO COMEÇOU PELA FALTA!
A falta que sentia em ser cuidada, ouvida e acolhida em alguns momentos quando fui professora. A falta de um recurso adaptado verdadeiramente para as equipes docentes e que pudessem motivar e intensificar as ações do meu time de professores quando fui diretora pedagógica.

Foi na falta que arregacei as mangas!

A grande verdade é que essa jornada há 27 anos na área educacional está sendo incrível e desafiadora. Hoje vivo minha missão no mundo buscando transformar vidas de professores. Já demos vida a recursos e formações para impactar professores pelo Brasil.

Vem funcionando.

Se você também quer ser transformado pelas ferramentas de *coaching* educacional ou deseja ser um profissional *coach* na área da educação, eu posso ajudá-lo.

Segundo Daniel Goleman, apenas 13% das pessoas fracassam por falta de QI e 87% fracassam por falta de inteligência emocional.

As pessoas simplesmente desistem.

Minha missão no mundo é tornar sua missão na educação real e com significado. Não quero que você desista.

Eu acredito de todo coração:

Transformamos vidas com professores extraordinários como você.

Referências

ACHOR, S. *O jeito Harvard de ser feliz: o curso mais concorrido de uma das melhores universidades do mundo.* São Paulo: Saraiva, 2012.

MASLOW, A. *Motivacion and personality,* NewYork: Harper & Row, 1970.

MOREIRA, H. A. Investigação da motivação do professor. *Revista Educação & Tecnologia,* pp. 88-89, 1997.

ROCHA, D. *Box coaching para professores,* São Paulo: Matrix, 2019.

2

DISCIPLINA POSITIVA: UMA MUDANÇA DE PARADIGMA PARA PROFESSORES EXTRAORDINÁRIOS

Este capítulo apresenta a Disciplina Positiva – abordagem socioemocional criada por Jane Nelsen e baseada na psicologia de Alfred Adler – e indica ferramentas práticas para educadores desenvolverem habilidades em seus alunos, tais como: responsabilidade, cooperação, autonomia, resolução de problemas, empatia, habilidades de comunicação respeitosas.

BETE P. RODRIGUES

Bete P. Rodrigues

Mãe, madrasta e vódrasta. Atua como professora há mais de 35 anos. Formada em Letras (PUC-SP), tem mestrado em Linguística Aplicada (LAEL-PUC/SP) e atualmente é palestrante, *coach* para pais, consultora em educação e professora da COGEAE-PUC/SP desde 2006. Tem larga experiência como professora, coordenadora e diretora pedagógica em diferentes contextos (escolas de línguas, escolas particulares e públicas, ONGs). É *trainer* em Disciplina Positiva para profissionais da Educação e da Saúde certificada pela Positive Discipline Association e tradutora dos livros *Disciplina Positiva, Disciplina Positiva em sala de aula, Disciplina Positiva para crianças de 0 a 3 anos, Disciplina Positiva para crianças de 3 a 6 anos, Disciplina Positiva para adolescentes, Disciplina Positiva de A-Z* entre outros materiais.

Contatos
www.beteprodrigues.com.br
@disciplinapositivabrasil
contato@beteprodrigues.com.br
11 97541 3385

> *Nós podemos transformar toda a nossa vida e a atitude das pessoas à nossa volta simplesmente ao mudarmos a nós mesmos.*
> RUDOLF DREIKURS

31 de dezembro de 2007 - éramos um grupo de seis profissionais brasileiros viajando para Los Angeles, com o intuito de passar três meses estudando sobre aprendizagem socioemocional. A base desse estudo era a Disciplina Positiva. Minha filha, na época, tinha 10 anos, meus três enteados tinham 16, 17 e 18 anos e eu coordenava a área de inglês (da Educação Infantil ao Ensino Médio) de um grande Colégio particular em São Paulo. Na época, já atuava também na COGEAE-PUC/SP com curso de formação de professores. Eu não podia imaginar o quanto esse conhecimento afetaria meus relacionamentos familiares, pessoais e profissionais, para melhor. Uma verdadeira mudança de paradigma.

A Disciplina Positiva é uma abordagem socioemocional baseada nas ideias de Alfred Adler e Rudolf Dreikurs e desenvolvida pela dra. Jane Nelsen e outros autores – para pais e professores que querem ajudar crianças e adolescentes desenvolverem habilidades de vida, como respeito, responsabilidade, cooperação, resolução de problemas, entre outras. Trata-se de uma abordagem não punitiva e não permissiva que oferece ferramentas práticas e alternativas gentis e firmes ao mesmo tempo para lidar com os comportamentos desafiadores dos filhos e alunos. O primeiro livro da série DP foi escrito no início dos anos 80 pela Dra. Jane Nelsen e hoje já temos mais de 20 títulos em inglês, traduzidos para mais de 50 línguas e está presente em mais de 80 países. Baseada na psicologia de Alfred Adler, a DP tem os seguintes princípios básicos:

- a importância da conexão - senso de pertencimento e importância;

- a importância do respeito mútuo - a habilidade de ser gentil e firme ao mesmo tempo;
- eficácia em longo prazo: considera o que a criança está pensando, sentindo e decidindo fazer;
- foco em habilidades de vida: autocontrole, empatia, autodisciplina;
- convite às crianças para descobrir quão capazes elas são e desenvolvimento de seu poder pessoal e autonomia.

Defendemos uma educação não violenta e não punitiva, portanto, não acreditamos na eficácia em longo prazo da punição. Sabe-se que crianças maltratadas, humilhadas e castigadas na infância podem tornar-se adultos inimigos da sociedade. Uma das frases mais famosas de Nelsen é: "De onde tiramos a ideia absurda de que, para que uma criança se comporte melhor, precisamos antes fazê-la se sentir pior?" Uma criança só vai se comportar melhor quando se sentir melhor, respeitada, compreendida e pertencente. Importante ressaltar que a DP também não é uma abordagem permissiva - Alfred Adler, há mais de 100 anos, já criticava os perigos da superproteção porque crianças mimadas não conseguem desenvolver sentimentos sociais: tornam-se déspotas, à espera de que a sociedade atenda seus desejos egoístas.

A ideia é ajudar jovens a se tornarem membros responsáveis, respeitosos, contribuintes nos seus diferentes contextos e nas suas comunidades.

São muitos os benefícios para colocarmos a Disciplina Positiva em prática no ambiente educacional, mas destaco a melhora na qualidade nas interações em toda comunidade escolar. O clima escolar fica mais empático, respeitoso, há uma significativa diminuição nos conflitos entre alunos, nos casos de indisciplina e na evasão escolar.

A Disciplina Positiva está completamente alinhada à orientação da Base Nacional Comum Curricular (BNCC), que orienta o desenvolvimento de diferentes competências socioemocionais: autoconhecimento e autocuidado, empatia, cooperação, autonomia, autogestão, entre outras.

Dica para professores

Uma dica para que os professores possam começar a utilizar a Disciplina Positiva em suas salas de aula é evitar uma postura autoritária do tipo: "tem que fazer porque eu estou mandando" ou o outro extremo: "pode fazer o que quiser" (permissividade) sem limites ou regras claras. Um bom início é, junto com os alunos, definir as regras, combinados e as funções na sala de aula. Não estamos falando de um ajudante do professor por dia, mas, dentro do possível, de funções específicas para cada um dos alunos – para que se sintam membros contribuintes e úteis na turma.

Uma das muitas ferramentas da Disciplina Positiva é "conexão antes da correção", então, desde a forma como o professor se conecta com seus alunos, como os cumprimenta (olho no olho, tom de voz respeitoso, o uso dos nomes, uma expressão facial suave e empática), demonstra ao aluno que esse profissional realmente se importa com ele.

> *Ver através dos olhos do outro, escutar com os ouvidos do outro, sentir com o coração do outro. Por enquanto, isso me parece ser uma definição aceitável do que chamamos de sentimento social.*
> ALFRED ADLER

Outra importante ferramenta é a sabedoria de fazer **com** os alunos em vez de fazer **para** e **por** eles. Adler sempre falava da importância de não fazer pela criança o que ela já é capaz de fazer sozinha. Por isso, temos as **reuniões de classe**, um fórum seguro para os alunos praticarem o senso de comunidade e responsabilidade social. Com a prática regular de reuniões de classe, os alunos aprendem, entre outras habilidades, responsabilidade, trabalho em equipe, cooperação, empatia, compaixão, organização, ordem (porque todos têm oportunidade de expressar seus sentimentos e anseios com o uso do "bastão de fala") e habilidades de comunicação respeitosas como, por exemplo, fazer perguntas, escutar ativamente, respeitar turnos de fala, demonstrar respeito mútuo, resolver problemas de uma forma colaborativa e focar em soluções. Quando estão buscando soluções para os problemas da pauta, os alunos são encorajados a não focar em culpados ou no que aconteceu e sim em como resolver aquela questão. Aprendem a buscar soluções respeitosas e razoáveis para todos os envolvidos e a olhar para os erros como oportunidades de aprendizagem.

O formato da reunião de classe para a Disciplina Positiva inclui:

1. Uma rodada de reconhecimentos;
2. O acompanhamento das soluções anteriores;
3. Fazer a discussão dos itens da pauta. Os alunos podem escolher uma das seguintes opções:
    a. compartilhar sentimentos, enquanto os outros escutam;
    b. discutir o problema sem resolver;
    c. pedir ajuda para a resolução de problemas.
4. discutirem planos futuros: excursões, festas e projetos.

Mais orientações de como implementar a reunião de classe no seu contexto poderão ser encontradas no livro *Disciplina Positiva em sala de aula* (capítulos 11, 12 e 13).

Professores que utilizam essa abordagem aprendem a perguntar mais em vez de mandar. Aprendem também a ter uma escuta empática, ativa e a encorajar. Uma liderança empática, respeitosa, gentil e firme do professor é o que vai ensinar os alunos a desenvolverem todas as habilidades socioemocionais indicadas pela BNCC.

Para intensificar a parceria entre escola e família, é recomendável apresentar essa abordagem a toda comunidade escolar. A escola pode, por exemplo, contratar um palestrante ou profissional certificado em Disciplina Positiva para conduzir palestras, *workshops* ou cursos para pais, professores e colaboradores. Os cursos e *workshops* de Disciplina Positiva ajudam os adultos a refletirem sobre seus estilos de ensino e a compreender as crenças por trás dos comportamentos desafiadores das crianças.

É preciso conhecer os princípios teóricos adlerianos e as ferramentas da abordagem antes de colocá-la em prática. Os cursos de Disciplina Positiva são caracterizados por muitas vivências, discussões, reflexões, demonstrações, exemplos reais e o ensinamento de conceitos e estratégias eficazes em longo prazo para formar cidadãos de caráter. Quando os alunos têm comportamentos desafiadores, por exemplo, os professores aprendem a não "reagir" e sim a tentar compreender o porquê daquele aluno estar agindo daquela maneira e, em vez de aplicar uma sanção e começar uma luta de poder, esse educador poderá utilizar uma das dezenas de ferramentas encorajadoras e eficazes de maneira gentil e firme ao mesmo tempo.

Para quem quiser conhecer essa abordagem, recomendo ler os livros de Disciplina Positiva em português (eu tive a honra de cotraduzir sete títulos da série), publicados pela editora Manole, e fazer algum dos inúmeros cursos e *workshops* de Disciplina Positiva para profissionais da educação.

Meu sonho é que todos os professores conheçam essa abordagem tão respeitosa e eficaz e que possamos ter relacionamentos harmoniosos nas nossas salas de aula. Eu realmente acredito que as pessoas que estudam e aplicam a Disciplina Positiva em suas vidas acabam desenvolvendo importantes habilidades socioemocionais, como: autoconsciência, autoconhecimento, autorregulação, empatia e respeito. Isso afeta positivamente todos nossos relacionamentos interpessoais e nos tornamos cidadãos melhores. Por isso, gosto de definir a Disciplina Positiva como uma "mudança de paradigma".

Referências

DREIKURS, R.; STOLZ, V. *Children: The Challenge: The Classic Work on Improving Parent-Child Relations*. Intelligent, Humane & Eminently Practical Paperback. Estados Unidos: Plume, 1991.

NELSEN, J. *Disciplina positiva: o guia clássico para pais e professores que desejam ajudar as crianças a desenvolver autodisciplina, responsabilidade, cooperação e habilidades para resolver problemas*. São Paulo: Manole, 2015.

NELSEN, J.; LOTT, L.; GLENN, H. *Disciplina positiva em sala de aula: como desenvolver o respeito mútuo, a cooperação e a responsabilidade em sua sala de aula*. 4ª ed. São Paulo: Manole, 2017.

3

PARA ALÉM DOS MUROS DA ESCOLA: OS IMPACTOS DA SÍNDROME DE BURNOUT NA VIDA DOS PROFESSORES

A proposta deste capítulo é debater com a comunidade escolar e apresentar formas de enfrentamento da síndrome de Burnout. No decorrer, abordaremos temas como comportamento, emoções, estímulo aversivo e ansiedade. O tratamento adequado inclui autoconhecimento e mudança de comportamento. Para tanto, é necessário que cada pessoa envolvida no processo de educação saiba qual é o seu papel e a importância dele. Reservar ao professor um lugar de respeito e condições saudáveis para que ele possa desempenhar a maravilhosa vocação de educar.

BRUNA PEDRO

Bruna Pedro

Psicóloga clínica com mais de 10 anos de experiência na abordagem Analítica Comportamental. Pós-graduada em Psicopedagogia Clínica e Educacional. Lecionou como docente de Desenvolvimento Social do SENAC SP, de 2014 a 2019, no programa Jovem Aprendiz e em cursos de pós-graduação nas disciplinas Aspectos Psicológicos da Obesidade e Emagrecimento, e Psicologia do Esporte, além da elaboração do material didático do curso. Atuou com produção e programação cultural por 18 anos no SESC-SP e Secretaria do Estado da Cultura.

Contatos
Instagram: @psicologabrunapedro
psicologabrunapedro@gmail.com
11 98488 0313

"M.S, 60, dedicou boa parte da sua vida à educação. Mãe de três filhos, conciliou duplas jornadas em sala de aula com a dinâmica da casa. Professora concursada do Estado de São Paulo e, posteriormente do Município, tem a vivência do ensino público nos dois, e destaca a diferença entre os dois órgãos. Conta que o salário e a estrutura do ensino estadual ainda são mais precários que o do municipal. Lecionou em turmas desde a educação infantil até o ensino médio, e relata que sempre foi muito apaixonada por sua profissão. Teve épocas que ela estava em sala de aula com os filhos pela manhã e, à noite, com os pais. Chegou à coordenação de um Centro de Educação Infantil, onde começou como professora.

No decorrer dos anos, as duplas jornadas, as longas distâncias e todas as ameaças no trajeto de casa até a sala de aula foram se tornando cada vez mais desgastantes. Ela que sempre fora tão dedicada a ponto de os alunos pedirem que ela os adotasse, não conseguia mais se conformar com todas as injustiças e desigualdades que testemunhava em cada turma. Além dos casos de violência, como o dia do estouro de uma bomba fora da sala dos professores. Para que não tivessem aula, os alunos armaram uma bomba e M.L estava sentada ao lado da janela e precisou ser socorrida.

Em fevereiro de 2011, ela começou a apresentar os primeiros sintomas de uma síndrome do pânico e, em seguida, foi diagnosticada com um quadro de depressão aguda. Desde então, nunca mais conseguiu entrar em uma sala de aula.

Hoje ela está aposentada, mas segue o tratamento médico e psicoterapêutico e reconhece a necessidade de se manter em acompanhamento dos dois."

A denominação, estímulo aversivo, geralmente está relacionada a coisas desagradáveis e/ou irritantes, uma vez que é extremamente "difícil demonstrar que o poder reforçador de um estímulo aversivo se deve à sua desagradabilidade quanto mostrar que o poder reforçador de um reforçador positivo é devido à sua agradabilidade". (SKINNER, 2000,

p. 190). Portanto, o conceito de aversividade é relacional e funcional, uma vez que um estímulo aversivo não é aversivo para todos.

Desse modo, denomina-se como estímulo aversivo quando a sua remoção for reforçadora, podendo ser definidos como aqueles que aumentam a frequência do comportamento que os retira (reforçamento negativo) ou reduzem a frequência do comportamento que os produzem (punição positiva e punição negativa).

O burnout é o resultado da exposição excessiva a ambientes, situações aversivas e às respostas de enfrentamento também. Normalmente de ordem laboral, ele se desenvolve em profissões que exigem alto envolvimento emocional e de intensas interações, e ser professor é exatamente isso. Estar o tempo todo envolvido com vidas, muitas vezes de crianças ou adolescentes, demanda uma atenção maior, como fica evidenciado no caso apresentado. Não dá para entrar em sala de aula e se manter totalmente indiferente às questões individuais de cada aluno. Falo isso com bastante propriedade, pois também sou educadora, e vejo que, ao longo da relação aluno-professor, os alunos projetam uma relação de afeto e sentem-se à vontade para trazer seus conflitos, principalmente os dramas e dinâmicas familiares.

Além disso, o docente está constantemente preocupado na manutenção desse vínculo, numa perspectiva de transformar positivamente o processo de educação. Em muitos casos, existem aqueles alunos mais agressivos ou com transtornos de aprendizagem e a dificuldade de engajamento da comunidade escolar, principalmente da família. Isso exige ainda do professor. E não menos importante, as políticas pedagógicas de cada instituição, a sobrecarga de trabalho para um rendimento financeiro minimamente plausível, a desvalorização da profissão e outros fatores cotidianos em que a gestão de conflitos seja constante, o que leva ao desgaste físico e emocional.

Algumas emoções, como alegria e tristeza, influenciam o repertório total do indivíduo, sendo o repertório total do sujeito os comportamentos os quais ele consegue emitir durante a sua vida. Esse fato se torna evidente quando se passa a classificar as emoções em excitantes ou deprimentes. Assim, quando o sujeito experiencia uma emoção excitante, como a alegria, aumenta a probabilidade de emissão de respostas como rir, conversar com pessoas desconhecidas etc., alterando assim o seu repertório. Já quando o sujeito só é exposto a situações aversivas, ele tende a emitir comportamentos deprimentes, tais como tristeza, raiva, fuga ou evitação. (SKINNER, 2000).

Recentemente, realizei uma palestra com professores da rede pública. O tema era para falarmos sobre essa nossa atual situação, o novo normal da educação na pandemia do covid-19. E no relato deles, a maior preocupação era a dificuldade de acesso aos alunos. Muito angustiados pela falta de informação, pois sabiam de casos que eles dependiam da escola até para comer.

A pandemia tem nos causado efeitos desastrosos e só saberemos o tamanho do prejuízo em nossas crianças daqui a alguns anos. Por enquanto, como profissional, tenho o testemunho de que todos estamos fragilizados com a ideia de conviver diariamente com a finitude e, pior, com o descontrole sob essa doença. E isso tem nos tornado cada vez mais desesperançosos e ansiosos pela volta da vida sem medo.

Para os professores, as mudanças foram ainda mais drásticas, pois todos tiveram que se reinventar, se adaptar a um sistema tecnológico totalmente novo, e ainda sustentar a educação de qualidade.

Diante desse cenário, houve um aumento considerável de casos de ansiedade e burnout. Costumo dizer que quem não apresentava, passou a se queixar. E quem já sofria de algum desses sintomas, piorou.

As mulheres são mais suscetíveis do que os homens, devido ao acúmulo de atividades domésticas, principalmente quando se tem filhos. Além da perda do espaço e individualidade na convivência diária.

Digo que ansiedade não é de todo ruim como muita gente acredita, ela é uma forma de resposta de ordem fisiológica às demandas excessivas que alteram o equilíbrio biopsicossocial. Ou seja, é como se o organismo fosse se adaptando às exigências cotidianas. Faz com que o corpo libere substâncias químicas de reação para aquelas respostas, produzindo energia para que você solucione determinada situação. A ansiedade nada mais é do que uma emoção, portanto ao se falar de ansiedade, não se deve pensar nela como causa de algum comportamento, mas como uma predisposição à emissão de determinados comportamentos.

No caso específico da ansiedade, é necessário observar que é um efeito oriundo do condicionamento por meio do emparelhamento de estímulos, podendo se tornar um estímulo pré-aversivo ou o próprio estímulo aversivo, como nos casos de fobia.

Todos nós estamos ansiosos hoje, uma vez que temos uma vida agitada, com duplas ou triplas jornadas, e corremos o dia todo de escola para escola e para dar conta de todas as áreas da nossa vida.

> *A ansiedade, como um caso especial da emoção, deve ser interpretada com a cautela usual. Quando falamos dos efeitos de ansiedade, estamos dizendo que o próprio estado é uma causa, mas até onde nos referimos aqui, o termo meramente classifica um comportamento. Indica um conjunto de predisposições emocionais atribuídas a um tipo especial de circunstâncias. Qualquer tentativa terapêutica de reduzir os "efeitos da ansiedade" deve operar sobre essas circunstâncias, não sobre o estado interveniente. O termo médio não tem significado funcional, seja em uma análise teórica, seja no controle prático do comportamento.*
> (SKINNER, 2000, p. 198)

Fora isso, tem toda a hiperestimulação que recebemos hoje. Estamos em várias telas ao mesmo tempo, resolvendo diversas tarefas e recebendo informações diferentes. Nossa necessidade de resposta e adaptação a tudo isso também é mais uma exigência.

Porém, quando esse desgaste passa a nos trazer prejuízos físicos, emocionais, biológicos e sociais, isso passa a ser patológico.

A Síndrome de Burnout é essa resposta, só que de forma crônica, surge após tentativas prolongadas de enfrentamento ao estresse, uma exposição excessiva aos estímulos aversivos no ambiente de trabalho e que apresenta os mesmos sinais e sintomas do estresse, porém de forma exacerbada, levando a um estágio de fadiga a ponto da pessoa "apagar".

É caracterizada por uma total exaustão, desmotivação constante. A pessoa se sente desamparada e passa a ser indiferente ao trabalho. Com isso, apresenta uma baixa na produtividade, perda total de energia. Há o desgaste físico e psicológico em sua totalidade, levando inclusive à depressão.

Aquele profissional que era superengajado e proativo passa a ser relapso e descomprometido, apresenta uma raiva constante pela sua função, seus resultados são sempre negativos ou inexistentes. E diferente do estresse, as emoções não são reativas. O fator primário é emocional, tendo como consequência desamparo, desespero, desesperança, desmotivação e perda de estímulo.

O diagnóstico preciso será realizado somente por profissionais da área de saúde, ou seja, médico ou psicólogo. São feitos exames clínicos, e, por meio de instrumentos psicológicos específicos, será feito o encaminhamento ao tratamento adequado.

O tratamento será a aliança entre o atendimento médico e o acompanhamento psicoterapêutico. É fundamental que se busque autoconhecimento para o indivíduo aprender a estabelecer seus limites e encontrar mecanismos de defesas individuais e, sobretudo, acolhimento. Fazer terapia não é atestado para loucura, como dizem pejorativamente. Pelo contrário, é evitar chegar a esse estágio, é a busca consciente por saúde mental e emocional. Fortalecer-se para encontrar novas alternativas de enfrentamento, sem que isso o leve ao desgaste ou até a desistir da profissão de professor.

Muitas vezes o processo terapêutico faz um trabalho que envolve diversos fatores para transformar sentimentos negativos em positivos. Quando conseguimos entender exatamente o que estamos sentindo, o próximo passo é investigar o porquê desse sentimento e assim ter uma relação mais saudável não apenas conosco, mas com todos ao nosso redor, inclusive como nossa docência.

Dicas para saúde mental e emocional docente

1. Melhoria das condições de trabalho para os docentes, cabe às instituições educacionais promover a autonomia do profissional e, ao mesmo tempo, o trabalho em equipe multidisciplinar;
2. É importante que a gestão se veja como parte integrante do processo de educação dos seus alunos e se coloque ao lado dos seus profissionais;
3. Reuniões e encontros periódicos, nos quais eles possam discutir as dificuldades e limitações do cotidiano da sala de aula, relatar experiências e compartilhar formas de enfrentamento e gestão de conflitos;
4. Elaborar cronogramas que permitam que seus profissionais planejem de forma adequada e sem tanta pressão. Saber que o ócio é criativo, não é perda de tempo;
5. E sempre procurar promover o acolhimento para que possam esclarecer assuntos que contribuam na formação e informação desses docentes;
6. Criar espaço dentro das instituições de ensino para a promoção do autoconhecimento.

O medo é uma prisão invisível, geralmente não percebemos que estamos nela. E isso nos impede de fazer o que realmente importa. A terapia é um espaço seguro para identificar esses medos e novas possibilidades de enfrentamento. Muitas vezes somos nossos próprios aversivos, condenando tudo que fazemos de maneira negativa. Na terapia, você pode aprender a ser mais gentil e amoroso consigo mesmo.

E para que essa transformação aconteça, é preciso que todos possamos quebrar o preconceito de buscar autoconhecimento. Terapia não é apenas para quando você está numa fase ruim. Muitas pessoas encontram na terapia um caminho seguro para crescer e alcançar o máximo do seu potencial.

> *Os principais problemas enfrentados hoje pelo mundo só poderão ser resolvidos se melhorarmos nossa compreensão do comportamento humano.*
> B.F.SKINNER

Referências

CARLOTTO, M.S. *Síndrome de burnout em professores: Prevalência e Fatores Associados.* Psicologia e Teoria em Pesquisa. Vol.27. PUC Rio Grande do Sul, 2011.

DE MELO, V. de P.; GARCIA, J. F.; PEREIRA, D. *Síndrome de burnout: o esgotamento físico e mental dos professores no ensino remoto.* Disponível em: <https://eventosacademicos.ufmt.br/index.php/semiedu/SemiEdu2020/paper/view/13968>. Acesso em: 23 set. de 2021.

RANGÉ, B. (*org.*). *Psicoterapia Comportamental e Cognitiva: Pesquisa, prática, aplicações e problemas.* Campinas: Livro Pleno, 2001.

SKINNER, B. F. *Sobre o behaviorismo.* 10. ed. São Paulo: Cultrix, 2006.

4

COMO POSSO ME PREPARAR PARA ENFRENTAR O *BULLYING* ESCOLAR: TECNICAMENTE E EMOCIONALMENTE

O *bullying* deixa marcas difíceis de serem superadas. Atinge principalmente crianças e adolescentes e pode causar danos graves às vítimas. Como podemos ser luz e solução para todos os envolvidos nessa cena que acontece em todos os contextos sociais?

CARMEM L. C. DUTRA E
SILVIA LIMA

Carmem L. C. Dutra

Educadora parental, pedagoga e psicopedagoga em formação. Fundadora do Mães que Transformam, rede de apoio profissional para pais e filhos, consultoria e serviços para escolas e empresas. *Coach* Para Pais pela Parent Coaching Academy of London. Foi docente na UFPel e pesquisadora na UFRGS. Instrutora de treinamentos e palestrante na área de Desenvolvimento Humano com experiência em grandes empresas. Mãe da Olivia.

Contatos
www.maesquetransformam.com.br
clcdutra@gmail.com
Instagram: @maesquetransformam

Silvia Lima

Pedagoga e pós-graduada em Educação Básica, Inclusão e Neuroaprendizagem. Mestranda em Intervenção Psicológica na ducação. Educadora parental. *Kids coach* escolar. Professora efetiva da Educação Infantil na rede municipal em Ribeirão Preto, atuando como Gestora Educacional de ensino fundamental I e II. Mediadora de grupos sobre Disciplina Positiva, formadora de professores. Formação em Competências Socioemocionais para Educadores.

Contatos
shl.professora@gmail.com
Instagram: @_conectandogerações

Eram os anos 80, sem celular, sem *notebook*, acesso a livros só na biblioteca da escola e estante de casa que meu pai fazia questão de comprar dos vendedores de porta. Eu, criança, não sabia nada sobre *bullying*, mas sentia.

Estudei numa tradicional escola particular na cidade onde nasci. Nessa escola eu não era a menina mais rica e influente, nossa condição socioeconômica era inferior aos da maioria. Apesar de inteligente e esforçada, sentada na primeira classe em frente à professora, eu nunca era a escolhida daquela guia que admirava. E me sentia frequentemente rejeitada e humilhada.

Talvez as expectativas de fã que eu era (e sou) dos professores fizeram com que eu sofresse pelo desprezo que era tratada. Levantava a mão para responder, mas a professora não me escolhia. E diversas outras situações se repetiam. Meu esforço nunca era valorizado.

Também houve uma situação inversa. Eu não era vítima da professora, mas espectadora de agressões ao professor. Um professor que vinha da capital exclusivamente para ministrar Física para nós, alunos do antigo Segundo Grau. E nós, adolescentes, nunca o acolhemos. Lembro-me de assistir às bolas de papel sendo jogadas nas costas do professor quando virava para o quadro, conversa e gritaria da turma e nenhuma atenção à aula do professor. Lembro-me do meu sentimento de pesar. Para mim não era divertido, mas a risada na sala era geral.

Cresci. Tornei-me professora. Lidei com crianças que viveram o que vivi, mas agora com nome: *BULLYING*! Estudei muito para entender o que era *bullying* para encontrar caminhos de transformação para escola, famílias e, principalmente, para ressignificação da autoestima das crianças que relataram suas dores emocionais.

O *bullying* que senti na infância e adolescência impactou minha vida por muitos anos em diversos aspectos. É possível resgatar autoestima com mais rapidez? Como educar o agressor e levar para a escola programas eficazes? Cheia de perguntas, fui para os livros. E para minha surpresa, descobri que nunca fui vítima nem espectadora de *bullying*. A prática do *bullying* é um conjunto de violências que se repetem por algum tempo entre pares nos quais há desequilíbrio de poder. Essas agressões sistemáticas e intencionais podem ser verbais, físicas e psicológicas, e é comum acontecer todas ao mesmo tempo. Humilham e traumatizam a vítima, causando-lhe real dor física ou emocional. Sabemos que os danos causados podem ser graves, como a depressão e até o suicídio. O termo se originou da língua inglesa e significa "valentão" (*bully*), representa uma ação continuada (sufixo "ing"). E o que me surpreendeu nos meus estudos: *bullying* acontece entre pares.

Professor que humilha aluno, aluno que agride professor, gestor escolar que implica com professor repetidamente, professor que não colabora de birra com gestor. Essas cenas não são consideradas *bullying*, pois mesmo ocorrendo de forma intencional e repetitiva, não acontece entre pares.

Seja *bullying*, violência, assédio moral, injúria, difamação ou outros, vamos olhar pelo ponto de vista da vítima. Ao sofrer esses atos de agressão (seja de qualquer natureza) no ambiente em que se encontra (escola, clube, trabalho etc.), **repetidos de forma intencional e que lhe ocasiona humilhação, exclusão e danos ao seu desenvolvimento** e na sua vida de forma integral e que normalmente persiste no correr dos anos com sequelas na sua autoconfiança, autoestima, senso de merecimento e importância, devemos observar para que essas definições teóricas não ofusquem as ações que precisam ser efetivas e realizadas. Como vítima que fui (ou assim me senti), e mesmo a professora não tendo consciência de que seus atos e palavras me causavam tristeza, humilhação, exclusão e não fazia ideia das crenças que eu estava construindo em relação a mim mesma em decorrência desses fatos, eu só queria que aquilo mudasse. Quem dera ser ouvida, acolhida e que de alguma forma as idas à escola fossem um prazer e não um fardo.

Para isso, nosso foco deve estar nas ações. Em se tratando de crianças e adolescentes, indivíduos que estão em construção do caráter e personalidade, toda violência (*bullying* ou não) que fere a sua autoconfiança e autoestima precisa ser tratada com rigor nas ações.

Diante das cenas que vivi na escola, como "vítima" de professor e como espectadora dos atos contra o professor, e sabendo que *bullying* acontece entre pares, questionamos:

- Você acredita que professor pode cometer *bullying* com seu aluno?
- Professor pode ser vítima de *bullying* de seus alunos?
- Você já sofreu humilhação ou algum tipo de violência sistemática de alguém que não era seu par?

- De que forma você acredita que impacta na vida prática a definição de *bullying*?

Será que hoje a violência intencional e repetitiva entre não pares também pode ser considerada *bullying*? Essas reflexões são importantes, pois podem traçar um novo caminho e abrir nosso olhar e atitudes para essas formas de violência que são vividas na escola também.

Atores do *bullying*: olhares e ações

Nós, professores, que já passamos ou conhecemos alguém que já passou por situações de *bullying* e violência na escola, podemos ter diferentes olhares sobre os atores desse cenário.

O agressor, a vítima e os espectadores do *bullying* podem ser julgados por nós sob diferentes formas e, ao lembrar que somos adultos guiando crianças e adolescentes, não devemos negligenciar nenhum desses atores.

Quando vivenciamos *bullying* na escola, dois atores se destacam na nossa conduta: vítima e agressor. O primeiro suporte é dado à vítima, que deve ser acolhida. Depois, identificamos o agressor para entendê-lo e instruí-lo a cessar com suas atitudes. É comum não pensarmos nos espectadores, atores estratégicos desse cenário, pois sem eles não há palco para o agressor. Esse roteiro de ações ocorre em grande parte das escolas. Ações em casos isolados, com programas de curta duração para "apagar incêndio" e sem estratégias de longo prazo.

Diante desse cenário, é importante nos distanciarmos dos nossos julgamentos para ter empatia com todos os envolvidos. Ao olharmos o agressor com intenção de ver o que há por trás do seu comportamento agressivo, podemos nos deparar com uma vítima que esconde dores ou vivencia muito de perto situações de violência, negligência das suas necessidades de afeto e cuidados, maus-tratos e exemplos de comportamentos inadequados dos adultos com quem convive.

Sem saber como expressar suas dores (não nascemos com inteligência emocional, devemos ensiná-los), esses agressores podem estar pedindo ajuda, chamando nossa atenção para olhar para eles. O que não justifica seus atos, mas nos guia a cuidar de todos: agressor, vítima e espectadores, para conduzirmos esse desafio como oportunidade de aprendizado.

Sabemos que castigar não funciona a longo prazo, portanto antes de qualquer ação corretiva, a avaliação de questões em relação aos acontecimentos, o acolhimento de todos (agressor, vítima e espectadores) e escuta ativa fazem parte do ciclo de condutas efetivas para conduzir alunos no seu progresso emocional. Nesse caso, fortalecendo sua inteligência interpessoal. Por isso, preparamos para você, leitor, um Guia

Prático sobre *bullying* para nortear sua escola nesse ciclo de ações (solicite gratuitamente pelo *e-mail*: professoresquetransformam@gmail.com).

Sua história com *bullying*

O que passamos como estudante que fomos, ou nos diversos cenários educativos que passamos desde crianças até hoje, construiu nossos julgamentos a respeito do tema e é sobre isso que vamos explorar. Separe uma folha e escreva as respostas das perguntas a seguir:

- Você já passou por uma situação de *bullying*?
- Você era agressor, vítima ou espectador?
- Como se sentiu?
- Consegue relatar todos os fatos sem sentir dor?
- Como você reagiu? Como gostaria de ter agido?
- Alguém acolheu você? Se sim, quem? Se não, alguém deveria ter percebido esse fato?
- Quais foram os pensamentos e decisões tomadas após esse fato?
- Você acredita que essa experiência afeta sua vida ou escolhas até hoje?

Olhar para nossas experiências faz com que a gente abra as portas para compreender o que conduz nossas decisões hoje. E foi a partir das experiências que vivemos como alunas e hoje como professoras que criamos os 3 "As" do *bullying*.

Foco em solução: os 3 "As" do *bullying*

Acreditamos que ações devem ser construídas em cima de um alicerce robusto. Por isso, a base dos 3 "As" do *bullying* é: **acolher, aliviar e agir**.

São estratégias que, na nossa experiência, se tornaram eficazes a longo prazo, têm intenção de construir cidadãos cientes de que suas ações repercutem no outro e fazem parte de um programa completo para desenvolvimento de habilidades de vida, que incluem a inteligência emocional.

O primeiro passo: ACOLHER

Ato de oferecer proteção, abrigo, refúgio para todos: agressor, vítima e espectador.

Como acolher?

Ouvir é a palavra-chave. Ouvir todos sem julgar. Reúna-se com os envolvidos individualmente e abra espaço para uma escuta empática e efetiva. Não escute para responder, ouça para compreender nas entrelinhas todas as dores envolvidas. Quando nos propomos a ouvir sem responder, fica mais fácil compreender os fatos sem nosso julgamento.

Após ouvir todos, deixe claro que esse tipo de atitude não é algo tolerável na escola nem em outros ambientes, esclareça qual a finalidade da escola e o que esperam deles nesse ambiente. Diga o quanto é importante todos respeitarem esse espaço como um lugar de troca de aprendizagens e o que mais sua escola se propõe de acordo com sua missão e valores.

O segundo passo: ALIVIAR

Ato de tornar mais leve, reduzir o peso. Quando você diz que acredita no seu estudante, em suas habilidades.

Como aliviar?

Diga o quanto você acredita na habilidade deles para encontrarem uma melhor solução para esse tipo de conflito.

Encoraje-os a compartilharem essas soluções para que todos possam estar conscientes das várias possibilidades para lidarem com esse tipo de comportamento.

Quando acreditamos que alunos têm muita criatividade e muitas formas de solução, fica mais fácil conduzir o processo. Dividimos o peso que recai sobre nós e fortalecemos a autoestima de todos. Encorajá-los a se responsabilizarem pelas soluções dos atos que fazem é uma importante habilidade para a vida que deve ser estimulada.

E ofereça sua ajuda para que possam juntos criar uma ferramenta que colabore com todos da escola a encontrar sempre soluções para os diversos conflitos. Exemplo de algumas possibilidades:

- Quadro de encorajamento;
- Soluções diversas (criadas por eles);
- Pote do alívio (escrever sua dor do momento e colocar no pote. Isso faz com que eles possam externalizar sua dor quando não querem conversar);
- Reuniões semanais em grupo;
- Frases de incentivo e encorajamento emocional espalhadas pela sala e escola, entre outras opções.

O terceiro passo: AGIR

Ato de provocar reações, tomar providências, atuar, produzir efeitos. Nesse momento, você irá provocá-los a mudar seu comportamento, a se colocar no lugar do outro.

Como agir?

A intenção é que a mudança de comportamento seja efetiva. Para isso os passos anteriores são importantes, pois trazem a compreensão da causa e prepara a base para ações.

Após os passos acima, podemos sugerir que a partir de hoje entraremos em ação para efetivar as soluções propostas por todos. Façam os combinados necessários e criem listas de tarefas para que cada um possa escolher sua função a partir de agora. Diga que você estará sempre por perto observando e acolhendo, para que juntos possam compreender o momento e escolher as melhores estratégias para solucionar os conflitos.

Experiência com a turma

A experiência dos potes de arroz ilustra bem o que acontece com o *bullying*.

Escolha 3 potes de vidro e coloque a mesma quantidade de arroz cozido em cada pote. Faça um círculo com a turma e conte sobre a experiência (você pode encontrar a descrição detalhada da experiência no arquivo gratuito que disponibilizamos no nosso *site*).

Conte que vocês passarão uns dias observando esses potes e falando palavras positivas, negativas e indiferentes para cada um.

Comece por você pelo pote negativo e peça que todos da turma sigam seu exemplo. Diga palavras que já ouviu e feriram você, diga com firmeza e peça para que façam o mesmo. Repita com o pote positivo, dizendo palavras positivas. E não fale nada para o pote da indiferença. Todos os dias repitam o exercício e oriente-os a anotarem o que sentem.

Ao final, crie espaço de diálogo sobre o que perceberam e conduza-os a concluir como se sente quem é vítima de *bullying*. Que marcas são profundas. Seja mediador dessa reflexão que partirá deles, a partir da tríade ação-reflexão-ação.

Sempre há opções de encontrar soluções, precisamos focar nelas em vez de buscar culpados. Eu vejo você!

Referências

FANTE, C. *Fenômeno bullying: como prevenir a violência nas escolas e educar para paz.* 8. ed. Campinas: Versus Editora, 2018.

NELSEN, J.; LOTT, L.; GLENN H. S. *Disciplina Positiva em Sala de Aula: como desenvolver respeito mútuo, cooperação e responsabilidade em sua sala de aula.* 4. ed. São Paulo: Manole, 2017.

5

A ARTE DE CONVIVER: MEDIAÇÃO DE CONFLITOS NA ESCOLA

Este capítulo compartilha uma experiência vitoriosa de como podemos criar uma cultura de não violência em espaços educativos a partir da maneira como os conflitos são manejados, garantindo condições de aprendizagem e convivência respeitosa e solidária, preparando a nova geração para uma sociedade na qual todos possam ter dignidade, ser ouvidos, respeitados e respeitar, vivendo sem medo do outro.

CARMEN SILVIA CARVALHO

Carmen Silvia Carvalho

Formação em Ética, Cultura da Paz e Técnicas de Convivência; Mediação de Conflitos e Técnicas de Negociação; Comunicação Não Violenta; Bases Biológicas da ética – todos pela Associação Palas Athena. Justiça Restaurativa e CNV – Seduc. Mestre em Psicologia da Aprendizagem e do Desenvolvimento Humano – Inst. Psicologia da USP; Laboratório de Psicopedagogia da USP – Instituto de Psicologia da USP.

Contatos
carmenctcarvalho@gmail.com
Instagram: @carmensilvia.carvalho
Facebook: Carmen Silvia Carvalho
11 98179 8948

Você, professor que me lê, sabe o quanto a sala de aula é desafiadora de muitas formas, mas uma das que mais incomoda é o ambiente de conflitos e desrespeito. Quantas vezes terminamos o dia exaustos, com a sensação de não termos cumprido nossa missão.

Criar um espaço de aprendizagem é essencial, e passa necessariamente por um ambiente onde todos se respeitem, sem medo de falar, criar e que o diálogo seja a principal forma de comunicação. Mas não nascemos sabendo isso, é preciso aprender a conviver e essa é uma das aprendizagens mais complexas e difíceis, que demanda muito investimento.

Não tenho dúvida de que todos os educadores, sejam eles pais, professores ou poder público, desejam isso, mas nem sempre sabemos como fazer. Neste texto quero compartilhar uma experiência exitosa que vivi no Lar das Crianças, um projeto social onde trabalhei como coordenadora pedagógica e que me marcou profundamente. Mesmo sendo um espaço diferente, é um espaço educacional como a sala de aula e, nessa medida, com características semelhantes. Espero que ela os ajude nessa incrível tarefa de educar.

O Lar das Crianças

Eu e a Aidê fomos contratadas para modificar a cultura existente no projeto há anos. As pessoas que nos antecederam evitavam o conflito entre as 340 crianças e jovens dos 4 aos 17 anos que frequentavam o Lar pelo não compartilhamento do espaço ou atividades e a desobediência era punida.

Logo no início do ano, reunimos as crianças, nos apresentamos e contamos a que viemos: viveríamos de outro modo no Lar e a grande regra que todos nós deveríamos seguir era RESPEITO. O que não fosse faltar ao respeito era permitido.

Combinamos com as turmas o que queria dizer RESPEITO A SI MESMO, AO OUTRO, AOS ESPAÇOS. Escrevemos com eles o combinado e colamos nas paredes. A reação foi imediata. O Lar não tinha mais regras? Não teria mais suspensão? As mães não seriam chamadas? Era permitido andar pelo Lar inteiro? Os grandes poderiam ir até o espaço dos pequenos e vice-versa? Foi o caos. Isso mesmo: o caos.

A 1ª condição para se aprender a conviver é poder estar com o outro, e isso eles não sabiam fazer. As brigas, invasões, desrespeitos de toda ordem aconteciam o tempo todo. Os educadores ficaram desesperados, não acreditavam que era possível haver ordem sem punição, sem castigos. As mães me procuravam para dizer que o Lar não tinha mais regras, então tirariam os filhos. E era por aí que começava nossa conversa.

— Qual regra você sente falta? – perguntava.

Elas não sabiam responder. Não faltava nenhuma regra.

Mediação

Logo nos primeiros dias, uma das educadoras mandou dois alunos de seus 10 anos falar comigo. Haviam brigado na sala. Os dois fugiram por longo tempo e entraram na sala ainda brigando.

Essa é a primeira coisa a observar: um acusa o outro, diz que o outro começou, falam ao mesmo tempo. É importante não entrar nesse jogo, não gritar, nem brigar. Pedi que sentassem e fizessem silêncio. Expliquei que os havia chamado apenas para conversar.

Começou aí a surpresa. Sem culpa, sem acusação, sem punição, sem julgamento.

Essa é uma premissa importante: deixar claro o objetivo da conversa e que não serão julgados e punidos. Apenas com essa certeza conseguem ser mais verdadeiros, não se esconder nem acusar.

Pedi a cada um que contasse sua história e escutaríamos em silêncio.

Ouvir em silêncio clarifica outra premissa: todas as versões serão respeitadas e acolhidas.

Em seguida, retomei cada história e, no momento do conflito, pedi a cada um que dissesse o que sentiu, o que queria dizer ao bater, chutar, xingar etc., e se haveria outra forma de dizer a mesma coisa. Isso é importante para perceberem seus sentimentos e se a forma como expressaram foi eficiente, se o outro compreendeu.

É um convite para olhar dentro de si e aprender a reconhecer seus sentimentos e começar a fazer sua gestão. Ao pedir que pensem de que outra forma, poderiam dizer a mesma coisa, mas inicialmente não conseguem. Sugiro outras e peço que escolham uma e digam para o outro. Isso é difícil para eles no início, mas logo aprendem.

Crianças educadas sob o domínio do medo não sabem ter autonomia e teríamos um longo caminho até que eles a conquistassem.

Conheça-te para que possas te controlar

Administrávamos conflitos o dia todo. Por vezes nos olhávamos e nos dizíamos estar loucas, que não daria certo, mas se tínhamos alguma atitude mais autoritária, sentíamo-nos tão mal que preferíamos manter nossa forma de pensar.

Acredito que precisamos reconhecer que somos seres complexos, sentimos amor e raiva, alegria e tristeza, inveja e solidariedade e tantos outros pares de sentimentos. Essa é nossa humanidade. Precisamos aprender a reconhecê-los, a pensar se o que nos leva a senti-los pode ser compreendido de outra maneira, se existe uma forma melhor, no sentido de mais eficiente ou mais leve, ou mais humanizado de expressá-los. Sem censura, sem julgamento dos sentimentos ou de sua ação.

Com frequência, julgamos comportamentos das crianças e fazemos coisas para puni-las, quando na verdade precisamos minorar seu sofrimento para que sua atitude se altere. Quando se comportam mal, são grosseiras, agressivas, externalizam dores que nem sempre têm consciência e não sabem explicar. Cabe a nós, adultos, ajudá-las a compreender suas necessidades e pensar como atendê-las.

Criando empatia

Rodrigo, 13 anos, tinha uma doença psiquiátrica, acessos de fúria e era rejeitado em casa, na escola e na família. Apaixonado por plantas, era o responsável pela horta do Lar, onde plantou alguns pés de cana e, quando cresceram, os colheu. Andava pelo pátio com seu troféu quando o Vítor lhe pediu insistentemente um pedaço. Irritado, Rodrigo deu-lhe com a cana na cabeça e acabou em minha sala. Por 10 minutos ouvi-o contar todas as formas atrozes que usaria para matar o Vítor.

Quando acalmou, disse-lhe:

— Nossa, Rodrigo, como você deve estar sofrendo...

— Você não é minha psicóloga.

Desculpei-me. Contei também já ter odiado uma pessoa e isso me havia feito sofrer muito, então imaginara sua dor pela minha. Começou, então, a falar de sua vida, sofrimentos e fiquei novamente em silêncio.

Acolhido em sua dor, pôde conectar-se também com o Vítor, a quem acabou ensinando a plantar cana, amizade reatada.

À tarde, foi para a escola e levou sua cana. Uma colega fez o mesmo que o Vítor, insistiu e levou uma "canada" na cabeça. Rodrigo foi expulso e a vida daquela família, que era muito difícil, ficou pior ainda.

Um mesmo fato pode ser interpretado de formas muito diferentes, um mesmo conflito pode ser manejado de maneiras diversas e as consequências, dependendo da forma como lidamos, serão também muito diferentes.

O que construí com Rodrigo naquela conversa foi empatia e isso nos conectou. Não olhei sua atitude, apenas seus sentimentos. Sentindo-se compreendido, acolhido, pôde se entregar. Se tivesse escutado moralmente o que dizia, permaneceríamos longe um do outro. Mas a raiva dele me tocou, remeteu à minha e pudemos encontrar uma ponte, estabelecer uma conexão.

Observo adultos falando para as crianças como se nunca tivessem sentido ou feito coisas semelhantes. Será que não têm memória ou talvez acreditem precisar parecer perfeitos para serem respeitados? É ao contrário. Quando permitimos que nossa vulnerabilidade aflore é que podemos sentir empatia pelo outro e nos conectarmos. Mas quanto isso nos assusta.

O círculo de diálogo

O Vítor, o mesmo da briga com o Rodrigo, era um frequentador da minha sala. Tinha 8 anos, era um menino inteligente, com pouca visão do outro, por isso insistia quando deveria parar, controlava pouco suas vontades e, em consequência, passava por cima dos amigos com frequência ou era inadequado.

Um dia a educadora da turma de 6 anos pediu-me ajuda: várias crianças de sua classe reclamavam dele.

Pedi que reunisse todos em círculo e chamei-o. Expliquei-lhe que conversaríamos com a turma da Fran para entender por que reclamavam dele. Combinamos que ficaria em silêncio ouvindo e, no final, explicaria o que achasse que poderia ajudar os outros a compreendê-lo. Fomos de mãos dadas para se sentir seguro, não estava sozinho enfrentando aquela situação.

Expliquei para todos que cada um falaria para o Vítor o que ele fazia que o incomodava, se houvesse algo incomodando. Assim fizeram. Os do Lar diziam que ele era legal e os da escola reclamaram que ele "roubava" o lanche.

Fiquei impressionada com o Vítor. Ansioso como era, aguentou ouvir em silêncio. Aquele autocontrole era uma vitória de todo o investimento que havíamos feito.

Ao terminarem, Vítor abaixou o olhar e disse:

— O meu lanche é muito ruim. Eu vejo o lanche deles e fico com vontade, aí pego.

Na mesma hora um deles concordou e falou que daria sempre um pedaço para ele. Imediatamente, todos disseram que fariam a mesma coisa. Foi um momento emocionante. O sorriso do Vítor jamais sairá da minha cabeça.

Nunca mais a Fran recebeu reclamações dele.

Ao criamos um ambiente seguro, no qual as pessoas convivem sem medo, o diálogo é possível. Mas para existir esse ambiente, necessitamos sair do julgamento das atitudes para mergulharmos no mundo interno do outro, ouvirmos sem pré-conceitos. Se há espaço para essa troca, os conflitos tornam-se laços de conexão e não de separação.

O círculo de diálogo é estratégia rica para essa troca. Nele, todos são iguais e sua palavra, sentimentos e necessidades têm o mesmo valor. Todos podem se olhar para falar e ouvir. Falar um de cada vez o exercício de se conter, ouvir e pensar antes de falar, tão difícil muitas vezes.

A solução passa a ser dada pelo grupo. Se eu proibisse o Vítor de pegar os lanches sob alguma punição, nada estaria resolvido e não haveria aprendizagem para ele. Se dissesse que os colegas passariam a dar parte do lanche, seria sentido como uma imposição. Mas como nada disse, a turma pôde viver um momento lindo de empatia e praticar a solidariedade. As crianças têm tanto a nos ensinar.

As crianças aprendem

Com o tempo, as brigas e os desrespeitos foram desaparecendo. Era procurada espontaneamente por eles para ajudar nos conflitos, quando não conseguiam resolver sozinhos. As salas de atividades eram produtivas e o clima do Lar tranquilo. Via os mais velhos cuidando dos menores e uns ajudando os outros. Fui percebendo que minha missão estava cumprida. Já não precisava mais ensiná-los a conviver. Eles ensinavam um ao outro.

Construir uma nova cultura é trabalho em equipe

A mudança de cultura no Lar foi um projeto integrado. Ele não teria sido o sucesso que foi se outras ações simultâneas não tivessem acontecido. A diretoria do projeto esteve alinhada conosco. A Aidê, além de também resolver conflitos e debater as situações comigo, garantiu sempre todas as condições da instituição para que a transformação ocorresse. Sem essa coerência entre gestão e ações cotidianas, as incoerências estragariam a credibilidade, essencial para que educadores, crianças e famílias se engajassem. Os educadores foram orientados e foi dado um suporte teórico e prático para que mantivessem em suas ações a mesma linha de intervenção. A psicóloga da instituição passou a fazer rodas de conversa semanais com as turmas a fim de escutá-los e orientá-los como lidar com seus sentimentos e conflitos. Atividades coletivas voltadas para o compartilhamento e a solidariedade faziam parte do projeto como um todo. Fazíamos assembleias e as turmas tinham representantes para pensarem juntos as ações e soluções, aprendendo o protagonismo e a cidadania. Reuniões mensais com as famílias orientando para que educassem em casa pela amorosidade eram outras ações coordenadas.

Uma mudança de cultura é sempre um trabalho coletivo, de ações integradas para um mesmo objetivo.

É possível construirmos um novo mundo

Considerando que a humanidade tem apenas 200 mil anos, perceberemos como ainda somos bebês enquanto criação. Temos muito a aprender. De todas nossas aprendizagens, talvez a mais difícil seja a convivência conosco, com os outros e com nosso habitat. E é fácil entender por que: ainda conhecemos pouco de nós mesmos, do outro e do planeta e, com isso, desrespeitamos por ignorância.

A educação, geralmente, nos leva a olhar mais para fora do que para dentro de nós. Busca nos "adequar" às regras da sociedade ensinando-nos a conter as emoções e não a nos conhecermos. Ou conhecer o outro. Assim, sem saber reconhecer nossos sentimentos (o que os mobiliza? Como expressamos?) e necessidades (o que preciso para estar bem?), ou os sentimentos e necessidades do outro, acorrentados em nossas certezas e crenças, não admitimos o que é diferente. Não há escuta, nem acolhimento ou troca. Apenas julgamento, preconceito, afastamento e violência.

Olhe a seu redor e constatará a veracidade dessas tristes afirmações nas relações familiares, espaços escolares, públicos e redes sociais. Precisamos urgentemente aprender a conviver baseado no diálogo, respeito e solidariedade. Precisamos perder o medo do conflito, que é inerente à diversidade. É nossa única possibilidade de ser feliz, pois somos seres incompletos e gregários e precisamos do outro.

É possível modificar uma cultura. Vivi essa experiência de sucesso no Lar das Crianças e posso afirmar que o investimento vale a pena. As crianças aprendem. Precisamos aprender com elas. É pela educação que mudaremos o mundo.

Referências

BELLO, D.; VIANA, L. *Inteligência emocional na prática*. Rio de Janeiro: Conquista, 2019.

BOHN, D. *Diálogo: comunicação e redes e convivência*. São Paulo: Palas Athena, 2008.

LEDERACH, J. P. *Transformação de conflitos*. São Paulo: Palas Athena, 2012.

MULLER, J. M. *O princípio da não-violência: uma trajetória filosófica*. Palas Athena. 2007.

NUNES, A. O. *Como restaurar a paz nas escolas: um guia para educadores*. São Paulo: Palas Athena, 2007.

PASSOS, C.; HOROWITZ, S. R. *Mediación em la escuela – Resolución de conflictos en el ámbito educativo adolescente*. Buenos Aires: Aique Grupo Editor, 2008.

PASSOS, C. *Mediação na educação e na escola*. São Paulo: Pallas Athenas.

PASSOS, C. Pontes ou trampolins. Disponível em: <https://www.academia.edu/6873447/PONTES_OU_TRAMPOLINS>. Acesso em: 23 set. de 2021.

ROSEMBERG, M. *Comunicação não-violenta: técnicas para aprimorar relacionamentos pessoais e profissionais*. Sao Paulo: Ágora, 2003.

ROSEMBERG, M. *A linguagem da paz em um mundo de conflitos*. São Paulo: Palas Athena, 2019.

URY, W. *Como chegar ao sim com você mesmo*. Rio de Janeiro: Sextante, 2015.

6

ENXERGAR ALÉM DE VER: A JORNADA EXTRAORDINÁRIA DE UMA PROFESSORA COM SÍNDROME DE IRLEN

Neste capítulo, você vai conhecer a história de uma professora que superou grandes desafios durante a sua trajetória de vida e acadêmica. Todo sofrimento e inquietude foi amenizado depois da descoberta da Síndrome de Irlen. Relatos como esses nos ajudam a entender como é possível superar os desafios de uma infância inteira achando que era incapaz de aprender e ter uma vida plena. Será muito enriquecedor saber que é possível, apesar das adversidades e grandes desafios, professores se tornarem extraordinários e terem sucesso na sua carreira. Além das comprovações científicas apresentadas sobre a Síndrome de Irlen, você ampliará seu conhecimento a respeito das questões das dificuldades visuoperceptuais que estão diretamente ligadas à aprendizagem.

CÁSSIA NOGUEIRA

Cássia Nogueira

Sou Cássia Nogueira, tenho 42 anos, casada com Eliezer Nogueira. Temos duas meninas lindas: Lívia e Lorena. Nascida em São Paulo. Pedagoga de formação, psicopedagoga clínica e institucional, especialista em Síndrome de Irlen, *coach* educacional e palestrante. Dedico boa parte do meu dia atendendo como psicopedagoga clínica e *screener* de Síndrome de Irlen.

Contatos
@cassianogueirapsico
cassiapatricianogueira@gmail.com
11 98888 4833

Há muito tempo uma menina sonhadora que estava perto do sétimo ano de vida vibrava com a vontade enorme de aprender a ler e escrever. Ela foi matriculada em uma escola no interior de Minas Gerais. Logo nos primeiros meses de aula, começou toda angústia, tanto da menina quanto da família. A escola chegou a trocá-la de sala mais de duas vezes, achando que ela melhoraria o seu desempenho, mas não resolvia. Sua mãe não se conformava e tentava ajudar a sua filha, passando horas e horas da noite ensinando as atividades escolares para ela. Em uma das reuniões com a escola, sua mãe questionou por que a menina tinha sido trocada novamente de professora. Ela acabou descobrindo que sua filha se encontrava em uma sala deslocada do prédio, era uma sala de crianças com necessidades especiais. E não concordando com tudo o que estava acontecendo, ela resolveu trocar Maria de escola.

A menina sonhadora não desistiu de aprender, mesmo com todos os desafios que tinha que enfrentar na sua jornada acadêmica. Em vez de brincar, ela preferia investir todo tempo livre para estudar, pedindo ajuda de colegas fora do horário de aula. E sua mãe também continuava auxiliando.

Os alunos começaram a fazer *bullying*, chamavam-na de burra, lerda e a evitavam nos grupos de trabalho que envolviam rapidez e destreza, principalmente nas aulas de educação física. Até descobrir o que poderia estar acontecendo com a Maria, o motivo dela não avançar no ensino como as outras crianças, a vida dela não foi fácil. Os professores comentavam que ela era preguiçosa, não se esforçava, por isso ela não conseguia prestar atenção nas explicações dos professores, e que as dores de cabeça e os enjoos eram só desculpas. Ela e sua mãe sabiam que isso não era verdade, pois chegava a ser exaustivo e torturante para elas. Maria tinha que sempre estudar o dobro de tempo para conseguir dar conta de entregar os deveres e trabalhos escolares.

Os anos foram passando e as dificuldades só aumentavam. E a vontade de aprender também foi sendo substituída por muita perseverança, mesmo sabendo que algo de errado havia no processo de ensino e aprendizagem. Foram inúmeros encaminhamentos para profissionais da saúde, a fim de descobrir o que realmente poderia estar acontecendo.

Só na sua juventude, durante uma avaliação do processamento da visão, que veio a descoberta da Síndrome de Irlen.

O relato da professora Maria (nome fictício) aponta a necessidade de mais informações acerca da Síndrome de Irlen, pois um diagnóstico tardio pode elencar uma diversidade de desafios à vida educacional do indivíduo.

A descoberta da síndrome foi um grande alívio para a professora, pois suas dificuldades de aprendizagem agora tinham um motivo e uma solução. Algo simples, que se identificado desde a infância, poderia ter colaborado de maneira significativa em seu processo de aprendizagem.

Passou a fazer uso das lâminas, e logo sentiu que sua leitura, compreensão, desconfortos e distorções do texto desapareceram. E, agora, entende a importância do diagnóstico que recebeu, pois suas dificuldades possuem identificação e intervenção. As crises de ansiedade e enjoo, por causa de muita luminosidade dos ambientes, agora tinham tratamentos.

> *A SMI é uma condição caracterizada por sintomas de estresse visual e distorções de percepção, que são minimizados ou por várias vezes eliminados por meio da prescrição de transparências coloridas selecionadas individualmente.*
> (KRISS; EVANS, 2005)

Irlen (1987) constatou que a utilização de transparências coloridas (papel transparente com cor) diminui ou, em alguns casos, elimina o estresse e o desconforto visual que os pacientes relatam quando são submetidos às provas da testagem de Irlen e estão realizando leitura em geral. Essas transparências são lâminas de sobreposição para leitura em impressos, livros, cadernos ou a tela de computadores, *tablets* etc. Proporcionam conforto, nitidez e melhora da fluência da leitura e, consequentemente, objetivam a neutralização das distorções perceptuais à leitura, o que facilita o entendimento e reconhecimento das palavras lidas. Assim, as transparências, além de melhorarem o contraste visual e tornarem o desempenho na leitura melhor, são o tratamento adequado para S.I. Dessa forma, a seleção das transparências é um processo importante tanto para o diagnóstico quanto para o tratamento.

O processo de ler é muito complexo, uma vez que ele depende de funções relacionadas ao movimento ocular, ligadas ao córtex visual e processual da criança.

> A movimentação dos olhos é realizada por três pares de músculos antagônicos que orientam os olhos nos movimentos verticais, horizontais e oblíquos. Diversos movimentos podem ser descritos e identificados, porém os mais frequentes e pertinentes para os sistemas de registro dos movimentos dos olhos são os chamados movimentos sacádicos.
> (FARIA, 2011, p. 25)

De acordo com Faria (2011), os movimentos sacádicos são movimentos rápidos nem sempre perceptíveis a quem está lendo, pois se dão de maneira involuntária à medida que a leitura ocorre da esquerda para a direita a partir da fixação. Caso haja movimento contrário, ocorrerá dificuldade em processar a informação e, consequentemente, a falta de interpretação ocasionando os distúrbios de aprendizagem relacionados à visão.

A dificuldade de leitura apresentada por um aluno pode ser um indicativo de sintomas de defasagem no processamento visual, sendo acarretadas pela S.I. Essas manifestações podem vir acompanhadas de desconforto visual, tendo como consequência as distorções quando há leitura com um fundo branco, provocadas pela hipersensibilidade à luz, causando irritabilidade e lacrimejamento nos olhos, *déficit* de atenção, enxaquecas, náuseas, desmaios, entre outros sintomas físicos e emocionais, logo depois de 15 minutos de leitura.

Segundo Guimarães (entre 2000 e 2011), crianças com a SI enxergam as palavras em fundo branco com distorções (onduladas, borradas, embaçadas, trêmulas) e isso causa dificuldade de leitura e desânimo.

As Figuras de 1, 2 e 3, a seguir, representam algumas dessas distorções:

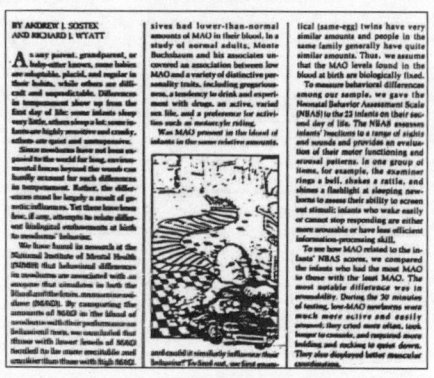

Figura 1
Fonte: FUNDAÇÃO H. OLHOS – Efeito de distorção.

TREMIDO

Figura 2
Fonte: FUNDAÇÃO H. OLHOS – Efeito de distorção.

LETRAS FLUTUANTES

Figura 3
Fonte: FUNDAÇÃO H. OLHOS – Efeito de distorção.

Para ajudar esses alunos com distúrbios visuais, podemos:

- Colocar o aluno sentado em um lugar com pouca luminosidade;
- *Slides* com fundos de cores mais escuras;
- Diminuir o conteúdo de leitura;
- Disponibilizar um tempo maior para término das atividades;
- Optar por provas orais, trabalhos em grupos;
- Explicar para a turma a respeito da síndrome, pedindo colaboração de todos os colegas;
- Imprimir prova em papel reciclado ou colorido;
- Promover a utilização dos filtros (*overlay*) e óculos com filtragem seletiva.

Segundo a professora Maria, ela precisou fazer vários anos de terapia para amenizar todo dano causado pelo diagnóstico tardio. Sua saúde emocional foi profundamente afetada com o diagnóstico tardio.

Optou em fazer faculdade de Pedagogia para ajudar outras crianças com dificuldades de aprendizagem. Tornou-se uma professora extraordinária e uma *screener* de Síndrome de Irlen.

Passou em vários concursos e sente-se realizada como pessoa e professora já aposentada. Atualmente faz trabalho voluntariado palestrando sobre a Síndrome de Irlen.

Faz-se necessário mais informações acerca da Síndrome de Irlen, pois um diagnóstico tardio pode ocasionar uma diversidade de prejuízo à vida social, emocional e educacional do indivíduo. O educador precisa estar atento ao comportamento do aluno e suas peculiaridades em sala de aula.

Espero que a história de vida da professora Maria tenha inspirado e contribuído para ampliar os conhecimentos dos profissionais da educação a respeito da Síndrome de Irlen, podendo auxiliar alunos que possuem dificuldade de leitura relacionada à visão e compreender o quanto um diagnóstico tardio podem desencadear uma série de problemas físicos e emocionais ao longo da vida de uma criança e da família. Ao perceber em sala de aula algum aprendente com alguma dificuldade persistente na leitura, o melhor caminho é orientar a família da criança a procurar um profissional habilitado em para fazer o rastreio da S.I. As intervenções feitas são de baixo custo, como é o caso do uso das transparências, proporcionando melhores condições para o desenvolvimento da criança.

> *Toda criança merece um campeão – um adulto que nunca desistirá deles, que compreenda o poder da conexão e insista em que eles se tornem o melhor que podem ser.*
> RITA PIERSON

Referências

IRLEN, H. *Irlen differential perceptual schedule*. Long Beach, California: Perceptual Development Corporation, 1987.

GUIMARÃES, M. R. *Síndrome de Irlen*. Fundação dos Olhos, Belo Horizonte, MG, [entre 2000 e 2011]. Disponível em: <http://fundacaoholhos.com.br/artigos/sindrome-de-irlen-dra-marcia-guimaraes/>. Acesso em: 08 nov. de 2018.

KRISS, I.; EVANS, B. J. W. The relationship between dyslexia and Meares–Irlen Syndrome. *J. Res. Reading*, n. 28, p. 350-364, 2005.

STRICK, C.; SMITH, L. *Dificuldades de aprendizagem de A a Z: um guia completo para pais e educadores*. Porto Alegre: ARTMED, 2001.

7

COMO DESVENDAR E ENTENDER O PERFIL COMPORTAMENTAL DO PROFESSOR

Este capítulo tem como objetivo mostrar aos professores como desvendar e entender o seu perfil comportamental, bem como adquirir novas habilidades fortalecedoras para construir relacionamentos mais saudáveis. Essa ferramenta potencializará os seus pontos fortes e evoluirá os pontos de melhorias, podendo fazer ajustes para obter maior *performance* diante da vida.

CONCEIÇÃO OLIVEIRA

Conceição Oliveira

Pedagoga graduada pela Universidade Estadual de Santa Cruz (UESC) - Ilhéus-Ba. Pós-graduada em Gestão Escolar, Psicopedagogia e Neuropsicopedagogia. Analista comportamental/Findline. Formação em *Life Coach* e *Coach* Educacional. Especialista em Inteligência Emocional, *Coaching Teen* e Vocacional. Cursos de treinamento *Box Coaching* para Professores, Os Quatro Temperamentos na Educação dos Filhos, Mais Psicopedagogia, Proleia/ Neurosaber. Atuando há mais de 30 anos na área de educação entre escola e clínica. É vinculada na Rede Municipal de São Paulo (SME) como professora da Educação Infantil desde 2005.

Contatos
psicopedagogaconceicaooliveira@gmal.com
Facebook: @conpsicopedagoga
Instagram: @conpsicopedagoga
LinkedIn: conpsicopedagoga
11 98025 7003

A ideia para a criação deste capítulo surgiu com a percepção de que algo a mais precisa ser feito dentro das escolas, além do conhecimento formal. A escola, de modo geral, ainda tem uma visão predial, materialista e conteudista e tais características corroboram para a dispersão dos alunos, a evasão escolar e o adoecimento dos professores.

Depois de muito tempo dentro das escolas e me especializar em algumas áreas dentro do desenvolvimento pessoal, percebi que na educação houve pouco avanço acerca do conhecimento de aspectos de outras esferas fundamentais sobre o desenvolvimento humano. Para que o aluno consiga absorver as informações de maneira mais produtiva, é necessário conhecer e respeitar certas características que integram a personalidade.

Professores que conhecem seu perfil tipológico e que compreendem que a sala de aula é sempre um contexto heterogêneo podem estabelecer estratégias mais eficazes respeitando a ecologia mental de cada aluno, também respeitando a própria constituição de personalidade. A análise comportamental revela diversas características a respeito de uma pessoa na qual é desvendado o mistério por trás do seu desenvolvimento.

A busca pela compreensão do perfil comportamental do ser humano remonta a antes do nascimento de Cristo. Nessa época, os gregos atribuíam ao ser humano as características dos quatro elementos básicos da natureza (fogo, ar, água e terra). A partir daí, surgiram diversas teorias como a de Hipócrates, considerado o "Pai da medicina", que teve grande interesse pelas peculiaridades dos temperamentos.

Por volta de 400 a.C, ele distinguiu os quatro temperamentos chamados de colérico, sanguíneo, fleumático e melancólico, por intuir que a bioquímica do corpo influía no comportamento. Posteriormente, essa teoria foi enriquecida pelo médico e filósofo Claudio Galeno, que permaneceu por alguns séculos com a mesma ideia: dependendo do temperamento, algumas pessoas são mais autoconfiantes, motivadas, rápidas, alegres, enérgicas, impulsivas; enquanto outras, são mais calmas, sistemáticas, indecisas, vagarosas, temerosas, cuidadosas, reflexivas e assim por diante.

Na idade moderna, essa premissa foi utilizada e desenvolvida pelo médico psiquiatra Carl Gustav Jung, que renomeou os quatro elementos já existentes como sentimento, sensitivo, intuitivo e pensamento. No entanto, só a partir dos anos de 1893-1947, surgiu com força total a teoria existente até hoje, um modelo baseado no trabalho do Dr. Moulton Marston que, por meio de pesquisas, criou instrumentos estatísticos denominando-a como Teoria DISC. Para ele, realmente existem tipos básicos de comportamentos previsíveis e observados nas pessoas partindo de uma combinação dos quatro elementos:

1. Dominância — pessoas que lidam bem com resultados e desafios. São determinadas, independentes, rápidas no pensar e nas ações.
2. Influência — pessoas que se relacionam bem com outras pessoas, criativas, amam participar de eventos.
3. Estabilidade (Estabilidade) — pessoas que lidam bem com conflitos e rotinas. São acolhedoras e conciliadoras dos ambientes.
4. Cautela — pessoas que lidam bem com procedimentos e regras. São mais detalhistas e exigentes, demoram muito a tomar decisões.

Atualmente foram desenvolvidos novos estudos e amplas pesquisas sem perder de vista as experiências passadas. Sendo assim, as novas metodologias comportamentais foram traduzidas para a cultura brasileira, surgindo a ciência dos quatro temperamentos. Essa nova nomenclatura é apenas para dar maior clareza aos nomes, porém os significados permanecem os mesmos dos séculos a.C. São eles: executor, comunicador, planejador e analista.

Tabela com os nomes dados ao longo do tempo da história dos perfis comportamentais:

Gregos	Hipócrates	C. Jung	Martson	Atualmente
Fogo	Colérico	Sentimento	Dominância	Executor
Ar	Sanguíneo	Intuitivo	Influência	Comunicador
Água	Fleumático	Sensitivo	Estabilidade	Planejador
Terra	Melancólico	Pensamento	Conforme	Analista

As teses acima nos trazem a compreensão que cada pessoa tem uma identidade própria baseada em seu perfil que acaba influenciando o seu jeito de ser. Você já ouviu alguém dizer que deu a mesma educação aos filhos, no entanto não entende por que são tão diferentes um do outro? Como pode a mesma educação produzir resultados tão diferenciados?

A boa notícia é que já existem ferramentas simples para entender como as pessoas agem diante de determinada situação.

A partir da análise de perfil comportamental, passamos a entender melhor as pessoas e, principalmente, nós mesmos. Esse método auxiliará o acesso a uma nova forma de viver pelo autoconhecimento, na qual será possível enxergar com mais clareza os próprios talentos, potencialidades, limitações, motivações, bem como harmonizar-se com as pessoas do seu convívio nas relações conjugais, profissionais e familiares.

Abordaremos os tipos de perfis agrupados pelos grandes estudiosos da área que dividiu em quatro grupos, sendo que dois são extrovertidos, identificados em pessoas que têm facilidade na comunicação, expressam-se muito bem. São líderes natos, relacionais, focados em tarefas e pessoas. Os outros dois são introvertidos, mais calados, observadores, tranquilos, adaptáveis e voltados para ouvir.

Todos eles têm pontos fortes e possíveis pontos de melhorias. Vale ressaltar que não existe perfil melhor que o outro, bom ou ruim. Todos eles se complementam. A beleza do alinhamento se dá pelo autoconhecimento, que é a chave para lidar bem consigo mesmo e com as outras pessoas.

Os extrovertidos são executores e comunicadores

São aqueles professores de personalidade ativa com ações precisas e rápidas. Confiantes, habilidosos e sabem agir em situações desafiadoras. Professores desses perfis também são considerados líderes natos, proativos, independentes, audaciosos, decididos e com facilidade para se comunicar com eloquência. Têm dificuldade de serem contrariados tendenciando a querer convencer os outros com sua opinião. Gostam muito de ouvir do outro: você tem razão, vou fazer o que pediu agora e eu gosto muito de você.

Possuem habilidades de trabalhar em equipe, criativos, idealistas, extrovertidos e otimistas. Adaptam-se rapidamente às situações mais adversas gerando amizades com todos da escola. Normalmente são cheios, novas ideias, têm pressa para fazer as coisas e são envolvidos com os eventos da escola.

Os introvertidos são os planejadores e analistas

São aqueles professores mais calados que não têm problema algum em não se envolver com atividades que exijam exposição, se possível farão apenas o social. Entretanto, são extremamente conciliadores, apaziguadores, flexíveis, disciplinados e afetuosos. Parecem que são programados para permanecerem calmos e gentis mesmo no momento de caos. Sempre evitam os conflitos e procuram ser justos com os colegas. Primam por ideias bem-planejadas e que façam sentido. Possuem um perfil mais reservado, gostam dos ambientes mais tranquilos. São fiéis, leais, prudentes, organizados, observadores, sensíveis, diplomáticos e detalhistas. Apresentam dificuldade de expor suas emoções e sentimentos. Necessitam de segurança, rotina e regras. Analisam todas as ações a serem tomadas, uma vez que estudam todas as possibilidades com mais profundidade que os demais perfis. Por terem um senso de análise muito grande, lidam melhor com tarefas repetitivas ou que exijam um olhar mais detalhista.

Dentre os vários benefícios de se conhecer o perfil comportamental, um dos melhores é justamente a capacidade de identificar o jeito peculiar de cada um. Esse conhecimento é a porta de entrada para o aprimoramento da inteligência emocional e suas habilidades.

Durante toda minha trajetória na área de educação por mais de trinta anos, sempre tive um jeito próprio de me relacionar com todos da equipe. Introvertida, reservada, em situação de exposição, só participava do que fosse realmente necessário. Cobrava-me muito por não ser como aqueles professores decididos e que, ao perguntarem quem queria falar, sem nem pensar já se prontificavam. Achava o máximo aqueles que se comunicavam com facilidade tão naturalmente. Falar em público era um dos meus grandes objetivos. Timidamente, me comunicava bem só com os alunos. E foi ao entrar na jornada do desenvolvimento pessoal que meus questionamentos foram aflorados. Por que eu era daquele jeito? Eu poderia mudar o meu jeito de ser?

Durante esse processo, fui me redescobrindo de uma forma acolhedora comigo mesma. Ao adquirir esse conhecimento e sabendo que cada um tem o próprio jeito de se relacionar, foi libertador para mim. Atualmente crio minhas próprias estratégias para que minhas necessidades sejam atendidas sem a pretensão de ser uma comunicadora nata, aceitando-me como realmente sou, pois tenho outras habilidades que me deixam plenamente feliz.

Mapear o perfil é uma forma de garantir que você seja tratado como merece e uma compreensão mais empática com o outro. Já existem plataformas nas quais o *software* de análise comportamental faz uma leitura de forma mais precisa. Apenas o especialista nessa área pode dar essa devolutiva por meio de um relatório com diversas informações a respeito de quem solicitou mapeamento. Podemos ter dois ou mais perfis que só aparecem no relatório completo feito pelo analista comportamental. Sempre haverá um perfil predominante que rege as nossas ações.

De forma sucinta, porém eficaz, você saberá qual o seu perfil comportamental respondendo à seguinte pergunta:
Qual desses grupos de palavras mais te representam?

E	C
Competitivo Corajoso Determinado Enérgico Firme Impaciente Independente Líder nato Ousado Racional Visionário	Alegre Acessível Criativo Comunicativo Emocional Extrovertido Imediatista Influente Otimista Resiliente Sedutor Sociável
P	**A**
Acolher Apaziguador Bom ouvinte Conciliador Diplomata Emocional Emocional Empático Flexível Generoso Leal Paciente Previsível	Cuidadoso Detalhista Discreto Exigente Focado Introspectivo Metódico Organizado Perfeccionista Desconfiado

Perfil	Professor Executor	Professor Comunicação	Professor Planejador	Professor analista
	E	C	P	A
Pontos Fortes	Autoconfiante Aceita desafio Competitivo Corajoso Determinado Dinâmico Eficiente Empreendedor Extrovertido Focado Iniciativa Líder nato Otimista Visionário	Amigável Artístico Confiável Espontâneo Festeiro Generoso Idealista Influente Líder Persuasivo Resiliente Simpático Sociável Sonhador	Agradável Bom ouvinte Calmo Colaborador Comedido Compreensivo Conciliador Conservador Equilibrado Gentil Organizado Paciente Persistente	Analítico Artístico Bom senso Cauteloso Criativo Desconfiado Disciplinado Introspectivo Metódico Observador Perfeccionista Preciso Questionador Talentoso
Pontos de melhorias	Agressividade Autoritarismo Centralizador Controlador Impaciência Insensível-frio Intolerância Mau ouvinte Rigidez	Atenção aos detalhes Cumprir prazos Exagero Ouvir mais impulsividade Indisciplina	Acomodação Ser mais ágil Apatia Flexibilizar Passividade Resistência à mudança Senso de urgência	Crítica em excesso Fanatismo Desconfiança Indecisão Pessimismo Rigidez Teimosia
Medos	Falhar Perder Não ser reconhecido Errar Submissão Não ter possibilidades	Desagradar Rejeição Não ser convidado Solidão Isolamento Sofrer Frustação	Arriscar Falar em Público Liderar Mudanças Opinião dos outros Ousar	Confronto Errar Iniciar algo Não se sentir seguro Ser criticado Tomar decisões
Como cada perfil pergunta	**O quê?** O que é para fazer nessa reunião?	**Quem?** Quem irá participar dessa reunião?	**Como?** Como vou fazer para participar dessa reunião?	**Por quê?** Por que precisa ser feita esta reunião?

Após analisar os quadrantes acima, você conseguirá perceber qual o que mais se identifica. E a partir do resultado, também saberá qual o perfil que corresponde ao seu. Ressalto que ao responder ao questionário proposto acima, dará apenas uma noção do seu perfil comportamental. Para um resultado com maior exatidão, o ideal seria procurar um especialista.

Diante dessas informações, o importante é você, professor, saber que os temperamentos são hereditários sim, porém isso não permite se firmar na síndrome da Gabriela (música de sucesso dos anos 70 da Gal Gosta) e dizer: "nasci eu assim, eu cresci assim e sou mesmo assim, vou ser sempre assim. Gabriela!". Existe a formação do caráter que ocorre por meio de uma boa educação. E a magia para que uma criança se torne um adulto saudável e que a educação para formação do seu caráter seja de acordo com o seu temperamento respeitando as necessidades emocionais do seu perfil.

Espero ter contribuído no seu despertar para se aprofundar nesse tema fluindo melhor o cuidado consigo mesmo levando a uma compreensão do perfil comportamental do seu aluno, dos seus colegas, da sua família e do seu amor, dando assim maior clareza em como lidar com cada um deles, tendo autocuidado, se acolhendo e respeitando o outro que está ao seu redor do jeitinho que ele é.

Caro leitor, gratidão por você ter me acompanhado até aqui. Desejo que este conteúdo tenha contribuído na sua jornada.

Referências

LAHAYE, T. *Temperamentos transformados*. 2. ed. São Paulo: Mundo Cristão, 2008.

MARSILI, I. *Os 4 Temperamentos na educação dos filhos*. Campinas: Kirion, 2018.

MINATEL, I. *Temperamentos sem limites*: como conseguir resultados com crianças da raiva e com crianças da tristeza. 1. ed. Barueri: Figurati, 2019.

VIEIRA, P.; SILVA, D. *Decifre e influencie pessoas: como conhecer a si e aos outros, gerar conexões poderosas e obter resultados extraordinários*. São Paulo. 1. ed. São Paulo: Gente, 2018.

ZANDONÁ, R.; GRINBERG, J. *Mapeamento comportamental vol. 2: métodos e aplicações*. São Paulo: Literare Books, 2019.

8

COMO PROMOVER A SAÚDE MENTAL E EMOCIONAL DOS PROFESSORES DA EDUCAÇÃO INFANTIL?

Neste capítulo, anseio que você, professor, tenha um novo olhar para a Educação Infantil. O sucesso do docente vai além de ser um bom professor, e você só desenvolverá um bom trabalho se antes olhar para si mesmo, administrando suas dificuldades, medos e fraquezas. E assim verá o quão importante é para o mundo.

DANIELE FERNANDES

Daniele Fernandes

Especialista em Inteligência Socioemocional Docente e *Coaching* Educacional; especialista em Prevenção ao *Bullying*; neuropsicopedagoga clínica e institucional; professora da Educação Infantil; pedagoga.

Contatos
@danifernandes.pedagoga
danielefernanddes@yahoo.com
31 99272 2909

Neste capítulo, desejo que você mergulhe comigo nessa etapa que é tão importante e necessária na vida de uma criança: a Educação Infantil.

Desde que me formei, minha escolha sempre foi olhar com amor para todos os aspectos envolvidos na Educação Infantil. Sou grata por todo acolhimento que recebo todos os dias trabalhando com alunos e com todos os envolvidos na educação infantil. Acredito também que todo acolhimento e resultados são frutos que semeei e semeio até hoje.

Entretanto, eu não poderia deixar de iniciar este capítulo se eu não o convidar antes a conhecer a minha história, pois é ela que norteia a minha vida, refletindo dessa forma nas minhas ações, valores, crenças e, consequentemente, resultados em tudo o que está ao meu redor como, por exemplo, a sala de aula.

Sou filha de um homem extraordinário e de uma mãe extraordinária, que sempre se preocuparam em me passar valores e princípios que me acompanham ao longo da minha trajetória de vida dentro e fora da sala de aula.

Tive o privilégio de viver a melhor infância que uma criança poderia ter. Morávamos no interior, não éramos ricos, vim de uma família humilde, porém as bases essenciais para essa infância feliz e saudável sempre estiveram presentes. O amor e o afeto dos meus pais foram a base para a minha construção como pessoa.

Meus pais sempre lutaram pela minha educação, se mudaram do interior para a cidade grande, para que eu tivesse acesso à escola, pois morávamos na roça, e lá o ensino era somente até o terceiro ano do ensino fundamental. Ao longo dessa trajetória, passamos por muitas dificuldades, porém nenhuma delas foi suficiente para desanimar ou abalar os meus pais que seguiram firmes em direção a um único propósito que era ver eu e minha irmã formadas na faculdade.

Um ano após a conclusão do meu curso de pedagogia, perdi o meu pai, porém o seu legado emana a minha vida que se solidifica com as inesquecíveis e boas lembranças, especialmente vivenciadas na minha infância, que me fortaleceram e criaram raízes fortes na minha vida.

Minha mãe sempre gostou de ler livros dos mais variados gêneros, no entanto, assim como todo leitor apaixonado por livros, existia um livro em especial chamado *Pollyanna*, que ela fez questão de ler para mim durante toda a minha infância.

A história de Pollyanna foi escrita no ano de 1912 e se tornou um best-seller logo após o seu lançamento. Existia na menina Pollyanna um diferencial que chamava a atenção de todos à sua volta, pois em tudo ela descobria um jeito de ficar feliz, e por cada situação que passava e vivenciava, ela sempre praticava a gratidão, fazendo então daquela situação um aprendizado, contagiando dessa forma todas as pessoas que conviviam com ela.

E foi assim, vivendo momentos tão significativos na minha infância e ouvindo repetidamente a bela e encantadora história de Pollyanna contada pela minha mãe, que todos esses conceitos de ver sempre o lado bom das coisas se enraizaram na minha vida, na minha cultura, no meu jeito de ser. O "Jogo do Contente" me faz ver o real sentido da vida, me faz ser grata a todo instante, me faz ver tudo de uma forma diferente.

Mesmo quando tudo parecer estar indo mal, por mais difícil que seja, virar o jogo é o melhor caminho e é a melhor escolha, pois quanto mais você se entrega a uma situação ruim, mais o seu cérebro alimentará a sua mente com situações negativas. Sendo assim, é necessário dar a ele o comando reverso.

Diante disso, deu para perceber como temos em nossas mãos um triunfo capaz de nos deixar mal ou bem, não é verdade? E por que não desenvolvermos e fazermos do Jogo do Contente uma prática constante e diária em nossa vida, seja no âmbito pessoal ou profissional?

Não só na minha vida pessoal, mas também na minha vida profissional, desenvolvo diariamente o Jogo do Contente, e por meio dele vou aprendendo e reaprendendo, vou me ressignificando e me reinventando para dar sempre o melhor de mim, pois penso, que durante a nossa trajetória de vida, por onde passarmos, temos que deixar as nossas "marcas" de amor, de cumplicidade, de lealdade, de generosidade, de conhecimento aliadas à sabedoria e, dessa forma, deixarmos registrados o nosso legado de vida, o nosso legado na educação.

Encantamento e envolvimento: assim é a educação infantil

> *Ensinar uma criança é ajudá-la a perceber a beleza do mundo, o correr do tempo, as múltiplas linguagens da natureza e, com esse seu saber, usar sempre a ousadia de recriar.*
> (ANTUNES, 2017)

A Educação Infantil é a magia, o encantamento e, principalmente, o envolvimento diário que a faz ser significativa e inesquecível para crianças que um dia se tornarão adultos, e jamais vão se esquecer do que aprenderam no jardim da infância. Na ausência desses adjetivos, não haverá um aprendizado para a vida e tudo o que foi ensinado vira meramente uma lembrança distante, sem um significado concreto para a criança.

Diante desse contexto, os educadores da Educação Infantil devem ter uma sensibilidade e um olhar diferenciado para essa etapa, pois será com base nessa sensibilidade que construiremos situações e formas de levar o aprendizado até a criança.

Desde que me tornei professora dos pequenos, utilizo o "brincar" e o "concreto" como elementos essenciais nas minhas aulas. Porém, para a elaboração de uma aula nesse nível, é importante dizer que professor deve se doar por inteiro, adquirindo a sensibilidade do lúdico aliada a uma aprendizagem efetiva. Para tal, o professor precisa estar em paz consigo mesmo, ele precisa se amar, deixando transbordar esse amor aos que estão à sua volta.

E quando se trata de aulas lúdicas no ensino remoto, algo tão novo para todos nós, essa questão torna-se ainda mais delicada e desafiadora, principalmente pelo fato dos nossos alunos serem crianças bem pequenas.

Porém, nada é impossível para aquele profissional que ama o seu ofício. Tudo se torna possível para quem se entrega com amor ao seu trabalho. Digo ainda mais, não só o amor se faz necessário, mas também a gratidão por aquilo que se faz com amor e dedicação.

Quando nos doamos com amor e dedicação, os retornos e resultados acontecem naturalmente. Não estou falando de retorno financeiro, claro que não podemos negar que não é importante, porém algo que vai além da questão financeira é valor imensurável ao que tange o retorno carinhoso e sincero das crianças.

Trabalhando os cinco sentidos em uma das minhas aulas já no modelo remoto, fiz a seguinte pergunta aos meus alunos: "qual o barulho que vocês mais gostam de ouvir?" Algumas disseram que gostavam de ouvir

o barulho da chuva, outras disseram que gostavam de ouvir a voz do sorveteiro passando na rua, dizendo:
- Olha o sorvete!
De repente, um aluno disse:
- Eu gosto de ouvir a sua voz!

Naquele momento, parei por alguns segundos para tentar assimilar e absorver algo tão profundo que eu acabava de ouvir. Receber uma resposta tão sincera e carinhosa foi como um bálsamo para aliviar a minha alma e me encher de esperança, na certeza de que dias melhores virão. E vou além, só recebi esse presente em forma de palavras pelo fato de me doar diariamente para eles com amor e carinho, pois é somente a partir dessas duas palavras tão importantes que é possível promover um aprendizado efetivo e concreto.

Torna-se então imprescindível dizer que temos a missão de fazer inesquecíveis as nossas aulas, digo inesquecível porque penso que nenhuma aula é igual a outra. Sendo assim, cada aula deve ser especial e suficiente para se tonar inapagável nas grandes mentes as quais estamos moldando. Nunca pense que vai ser apenas mais uma aula, mas pense todos os dias que vai ser a melhor aula que você poderia dar naquele dia. Faça sempre o seu melhor possível, pois, agindo assim, você não vai dar só uma aula maravilhosa, mas sim um show de aula todos os dias. Essa aula vai ser tão espetacular que jamais será esquecida, e você, professor, jamais será esquecido, pois podem os anos passar, as flores desabrocharem, o arvoredo se multiplicar, mas os caminhos e as mentes que você plantou com amor e dedicação serão tão concretos e significativos que serão lembrados para sempre. O encantamento, a magia e a ludicidade jamais podem ser esquecidos ou negligenciados na Educação Infantil. Faça a diferença, deixe a sua marca e por uma nova geração você será responsável. Pense nisso!

O poder do autoconhecimento como gerenciador das suas emoções

Especialmente na Educação Infantil, aulas lúdicas e criativas são fatores extremamente relevantes. Entretanto, torna-se imprescindível dizer que, antes disso tudo, é necessário, professor, que você se ame verdadeiramente, assuma a sua essência e se autoconheça da maneira mais profunda, pois é se autoconhecendo que impactará positivamente os seus alunos, os seus colegas de trabalho e, consequentemente, não só a sua vida profissional, mas também a sua vida pessoal.

Conviver no nosso local de trabalho com pessoas de diferentes personalidades é um desafio, e essas diferenças de personalidade são importantes e fazem parte da nossa vida, pois é por meio dessas diferenças que articulamos nossos pensamentos e embasamos emocionalmente as nossas ações.

É comum na Educação Infantil nos depararmos com alguns relatos como: "sou professora, não sou babá" ou "estou cansada da Educação Infantil". Saiba, professor, que está tudo bem se pensar assim, porém não permita que essa insatisfação reflita nas suas ações, pois, permitindo isso, estará fazendo mal não só a você, mas também às pessoas que estão ao seu redor, prejudicando também os pequenos para os quais leciona, porque essas crianças se inspiram em você e o tem como referência. Lembre-se de que você não está ali por acaso, tudo tem um propósito. Portanto, procure focar nas oportunidades, e enquanto estiver desempenhando o seu trabalho, faça sempre o seu melhor possível impactando extraordinariamente vidas ao seu redor, pois o simples fato de estar nessa instituição já uma oportunidade para exercer com excelência o seu trabalho na docência.

Reclamar, murmurar, achar que tudo dá errado, ter aquele sentimento negativo e ao mesmo tempo aquela necessidade de aprovação causará ainda mais o seu desequilíbrio emocional, estresse e doenças para a sua alma. Feche os olhos por um instante, faça uma análise da sua vida, do seu comportamento, dos seus pensamentos. Pense nos pontos que precisam ser melhorados, e decida a partir desse instante virar o jogo e fazer a diferença.

O jogo do contente: da docência para a vida

O jogo do contente já faz parte da minha vida desde a infância, e ele pode fazer parte da sua vida também, basta apenas se autopermitir e se deixar levar por esse jogo que encanta, te abraça e te envolve, fazendo com que deixe de lado as outras coisas que muitas vezes aborrecem, deixando-lhe frustrado, magoado, triste ou até mesmo com raiva.

A última página do livro de *Pollyanna* é retratada por uma carta da menina que, após perder os movimentos da perna devido a um acidente, escreve:

Acreditem, estou contente agora por ter perdido minhas pernas por um tempo, porque uma pessoa nunca, nunca saberá como elas são maravilhosas se não ficar sem elas...sadias, claro. Amanhã vou dar oito passos.

Percebam nesse trecho a importância desse jogo, e como é importante trazer essa esperança para a nossa vida. Não é meramente ficar contente, mas sim saber compreender cada situação e agradecer por cada momento.

E essa gratidão acompanhada do jogo do contente, extraída principalmente dos momentos difíceis, seja no ambiente de trabalho ou na sua vida pessoal, é que fará com que você valorize e eternize cada momento de uma forma singular e única, refletindo dessa forma extraordinariamente na sua saúde emocional impactando a todos que estão ao seu redor.

Quando trabalhamos com o visual, absorvemos melhor a teoria.

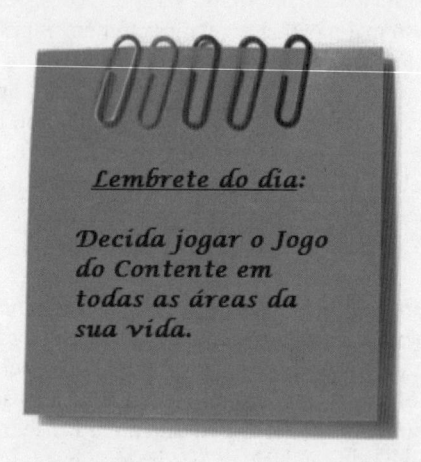

Lembrete do dia:

Decida jogar o Jogo do Contente em todas as áreas da sua vida.

Diante disso, sugiro que você, professor, tire uma cópia do *post it* acima, e cole na sua agenda, no espelho do seu banheiro, ou onde ficará mais fácil a sua visualização constante, pois o mais importante para mim é que você, por meio do concreto, leve consigo o Jogo do Contente para a sua vida e para sempre. Desejo que, a partir de agora, sua vida seja transformada e imergida de amor e gratidão.

> *Ela não finge que tudo é maravilhoso nem se conforma com as coisas ruins que acontecem, apenas não se entrega ao sofrimento e à amargura, procurando fazer sempre do limão, uma limonada; e ensina isso aos que a rodeiam.*
> (Trecho do livro *Pollyanna*)

Referências

PORTER, Eleanor H. *Pollyanna*. Tradução de Marcia Soares Guimarães. 8ª reimpressão. Belo Horizonte: Autêntica Editora, 2018.

SILVA, de Gilberto. Ensinar uma criança é ajudá-la a perceber a beleza do mundo. *Revista Partes*, 2017. Disponível em: <https://www.partes.com.br/2017/10/20/ensinar-uma-crianca-e-ajuda-la-a-perceber-a-beleza-do-mundo-diz-celso-antunes/>. Acesso em: 05 jun. de 2021.

9

HISTÓRIAS PARA AQUECER O CORAÇÃO

Este capítulo tem por objetivo valorizar o professor, sua experiência e dedicação ao seu saber e fazer. Espera-se instigar o prazer à profissão e homenagear o trabalho zeloso dos milhares de professores extraordinários pelo Brasil para com a infância e a adolescência.

**DANIELLA DE MOURA
PEREIRA ROBBI**

Daniella de Moura Pereira Robbi

Formação: Magistério, Pedagogia, Psicopedagogia, Neuropsicologia e mestre em Avaliação Psicológica pela Universidade São Francisco com ênfase em Avaliação Educacional. Psicopedagoga titular e diretora de relações públicas adjunta da Associação Brasileira de Psicopedagogia seção São Paulo (2020-2022) e membro do Fórum Municipal de Educação do município de Jundiaí (2018-2025). Fundadora do IPE Bela Vista, empresa especializada em psicopedagogia e formação de professores.

Foi psicopedagoga da APAE de Jundiaí, professora nos cursos de graduação e de pós-graduação: Faculdade Anhanguera de Jundiaí, Instituto de Ensino de Campo Limpo Paulista (FACCAMP) e Universidade Paulista UNIP. Professora convidada para cursos de formação de professores pelas editoras OPET e FTD nas áreas de: inclusão, neurociências, desenvolvimento infantil e BNCC nas regiões sul e sudeste do Brasil. Atualmente, é coordenadora pedagógica de cursos de pós-graduação na modalidade EAD pela Pólis Cursos de Formação.

Contatos
www.ipebelavista.com.br
Facebook: ipebelavista
Instagram: @ipebelavista

Esmeraldas. São pedras de um verde profundo, verde da esperança. Numa manhã, lembro-me como se fosse hoje, lá estava ela fitando-me com seus profundos olhos verdes, tal qual uma esmeralda.
Dirijo-lhe uma pergunta:
— Professora, quantos alunos você tem em sua sala de aula?
A angústia, visível em seus olhos, me responde:
— Tenho trinta e três alunos, sendo três *com laudo*, dois com suspeita de dificuldade de aprendizagem e um que eu *acho* que tem alguma coisa, mas não sei bem o que é, mas todos de 'inclusão'.
Olho para ela com um olhar de admiração e falo outra coisa:
— Mas você me parece bem jovem.
E, novamente, a angústia responde:
— Tenho 23 anos e terminei a faculdade no ano passado.
— Vinte e três anos, recém-formada, numa sala de primeiro ano e com seis crianças com dificuldades de aprendizagem? - indaguei essa que me fitava, profundamente, com seus olhos verdes na ânsia que eu a agraciasse com um toque de esperança.
Mirei-a por alguns instantes, um filme passou pela minha mente, relembrei a minha formação e o quanto minhas tias e uma professora, em especial, fizeram toda diferença nessa minha jornada. Conectei-me a ela, sem dúvida, sendo imensamente grata aos ensinamentos e apoio dispendidos a mim por essas professoras incríveis que me constituem e deixaram um notável legado que marcou minha vida.
Essa querida professora tocou meu coração e me despertou o desejo de ensinar a ensinar.
Fui-me constituindo nessa tessitura, nesses espaços-tempos sociais, ora com as crianças e adolescente, ora com professores e profissionais que se dedicam à educação. Gratidão eterna!
Ah, essa história aconteceu antes do advento do *WhatsApp*. Trocamos *e-mails* e, com ele, a primeira questão:
— O que é inclusão? Quem são esses *alunos de inclusão*?

— Bem, minha querida, voltemos alguns anos atrás. Vamos fazer um recorte, breve, para melhor compressão didático-histórica.

Por volta do início do século XX, foi proposto que aqueles alunos que não conseguiam alcançar o mínimo da escolarização como as demais crianças frequentassem escolas próprias para eles. Elas ficaram conhecidas como 'escolas de educação especial' e deveriam assumir um caráter provisório e que absorvessem a demanda local para que as escolas ditas 'comuns' tivessem tempo para se adequar a essa nova realidade. No entanto, esse período de transição perdurou por anos a fio e atuou como um substitutivo das escolas regulares.

Em tempo, ao final da década de 60 e início da década de 70, países europeus, os EUA e Canadá iniciaram um movimento de integração desses alunos ao sistema regular. Aqui no Brasil, esse movimento se deu, timidamente, por volta da década de 80. E assim começa a ODISSEIA que se arrasta até os dias atuais.

Por vezes nos deparamos com algumas situações em que se faz necessário o uso da força da lei por conta de situações vexatórias, sem mencionar outras que acabam por macular o direito à educação que é garantido pela nossa Constituição Federal em uma de suas cláusulas pétreas.

Por esses e outros motivos é que o Brasil se tornou signatário de documentos internacionais e, atualmente, contamos com a Lei Brasileira de Inclusão (LBI), que resguarda aos nossos alunos com deficiência seus direitos. No entanto, ainda utilizamos vários documentos para nortear não só os direitos dos alunos como, também, algumas condutas a serem consideradas no âmbito escolar.

ANO	DOCUMENTO
1988	Constituição Federal
1990	Declaração Mundial De Educação Para Todos
1990	LEI N. 8.069/90 - Estatuto Da Criança E Do Adolescente
1994	Declaração De Salamanca
1996	LEI N. 9.394/96 - Lei De Diretrizes E Bases Da Educação Nacional
2012	LEI N. 12.764, de 27 de dezembro de 2012 - Lei Berenice Piana
2015	LEI N. 13.146, DE 6 DE JULHO DE 2015 – Lei Brasileira de Inclusão (LBI)

Podemos citar alguns desses documentos:

À medida que passava o tempo, nossas conversas ficavam mais profundas e, certo dia, ela indagou sobre a profissão com alguns questionamentos:

— Sabe, às vezes tenho a impressão de que não sei nada, outras vezes que não devo ter prestado atenção direito nas aulas. Por que na graduação não aprofundamos sobre esses assuntos tão importantes para o nosso dia a dia?

Tentei acalmá-la, pois todos nós um dia já fomos recém-formados e, quando nos deparamos com situações novas, tendemos a acreditar que não sabemos nada, ou tecemos críticas negativas aos professores ou à faculdade, esquecendo-nos de que a graduação é só o pontapé inicial da nossa formação profissional.

Por experiência, sabemos que não é bem assim. Os cursos de formação e nós, professores desses cursos, não conseguimos dar conta de todo o conteúdo ou de abordar as diversas realidades que se apresentam na escola como um todo, porém podemos apresentar alguns caminhos e alternativas que auxiliarão os alunos a abastecer a própria caixa de ferramentas, minimamente, e caso precise de algo mais específico, saber onde encontrar. A intenção em longo prazo é que o aluno adquira autonomia intelectual e profissional.

A partir desse pensamento, o professor, em qualquer etapa da escolarização, não deve oferecer ajuda em demasia ou ajuda insuficiente a ponto de gerar um abandono intelectual. Os alunos muito pequenos até as séries iniciais do ensino fundamental 2, aproximadamente, precisam do engajamento do professor para se manter na tarefa e dos adultos ao seu redor para estabelecer um hábito. Aqui estamos falando no hábito específico para os estudos. Esse é um dos motivos pelo qual o aspecto emocional é tão importante no planejamento escolar.

Resolvemos marcar uma reunião para organizar as estratégias, pois, quando mencionei a 'caixa de ferramentas', ela ficou superanimada.

Realmente essa caixa de ferramentas é como uma caixa de tesouros. Tal qual um ourives, com suas ferramentas delicadas, sensíveis e precisas dá à luz joias incríveis, assim nós professores somos com nossos alunos. Nascemos com ferramentais básicos os quais seguirão conosco no decorrer da vida. Alguns serão agregados, outros com o tempo precisarão ser trocados ou até mesmo descartados. No entanto, seguiremos em frente.

No dia marcado, chegou a professora em meio às suas sacolas, livros, materiais e um caderno. Sacou-o da bolsa, pegou uma caneta e foi direto ao assunto:

— Fiz várias anotações aqui sobre os nossos *e-mails*.

Ela estava visivelmente agitada e ansiosa. Ofereci água e café, ela nem me ouviu e continuou a falar.

— Estou aflita, como é que posso ajudar essas crianças? - disse com uma expressão de aflição.

Para o seu desespero, chegou uma mãe em meio à nossa conversa. Ela estava cheia de livros nas mãos. Apresentei-as e a mãezinha falou:

— Olha, encontrei esses livros. A senhora acha que vai ser bom para as crianças? Estão todos limpinhos.

— Vamos ver. Ponha em cima da mesa.

Folheei e pedi à professora que me ajudasse a selecionar alguns.

— Esses são ótimos para as crianças, as historinhas são bem legais! Os demais você pode doá-los.

Conversamos mais um pouco e a mãezinha foi embora. Então, contei uma parte da história de vida dessa mãe:

— Sabe, ela tem seis filhos e é coletora de reciclável. Todas as vezes que encontra livros, ela vem aqui para ajudá-la a dar um destino para eles. Ela fica envergonhada de ir até a escola por causa da aparência, já teve muitos problemas. Ela não se conforma das pessoas jogarem livros no

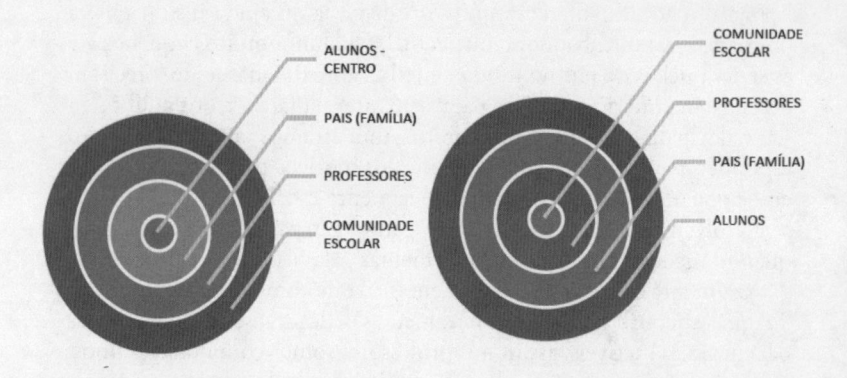

[Diagrama esquerdo - círculos concêntricos do centro para fora:]
- ALUNOS - CENTRO
- PAIS (FAMÍLIA)
- PROFESSORES
- COMUNIDADE ESCOLAR

[Diagrama direito - círculos concêntricos do centro para fora:]
- COMUNIDADE ESCOLAR
- PROFESSORES
- PAIS (FAMÍLIA)
- ALUNOS

lixo. Isso porque ela é analfabeta e as crianças têm essa baita defasagem na escola. É uma mãe que faz de tudo para que seus filhos aprendam.

A professora ficou muito emocionada com essa história. Ficamos refletindo sobre o ocorrido e sobre essa mãe. Nisso, montei um gráfico para ela entender alguns aspectos:

— Vou te propor um exercício. Deixe a teoria e os julgamentos de lado um pouquinho. Por que será que as escolas existem? Qual seu objetivo principal? Somos um grupo de pessoas, certo? Constituímos uma determinada cultura e nessa cultura os adultos trabalham e as crianças vão para escola, ok?

Ela acenou com a cabeça que sim. E continuei:

— A escola deveria ser um local em que o zelar pela infância e adolescência fosse tarefa primordial. Olhe para o gráfico e pense que ele 'pulsa' e é dinâmico, ora o que ocupa posição central vai para as extremidades, ora o que está na extremidade vai para o centro e eles se retroalimentam como se fosse um organismo vivo. Sim, um sistema, um organismo que responde aos estados emocionais, modos de pensar, de se comportar e esse grupo e cada indivíduo dele agem e reagem impactando diretamente no todo e em cada um.

A professora, com seu olhar me atravessando, disse:

— Faz todo sentido agora.

Perguntei:

— O que faz sentido?

— Temos algumas mães que, por mais que se explique a necessidade de ir às reuniões, elas simplesmente, não comparecem. Mas agora você falando e eu vendo a mãezinha que veio até aqui, uma mãe me vem à mente. Ela sempre acompanha a criança, fica longe do portão, não se mistura com as outras mães e, também, não vem nas reuniões.

Olhei para ela e disse:

— Deixe-me contar uma história. Nós fazemos sempre reuniões com os pais e sempre uma mãezinha vinha e ficava só observando. Num belo dia eu a questionei, ela ficou muda e não me respondeu. Achei estranho e perguntei se ela queria conversar a sós e ela acenou com a cabeça que sim. Foi nessa conversa que descobri que ela gaguejava. Acolhi, estabeleci um vínculo e conversamos. Depois daquele dia, ela começou a marcar reuniões individuais. Foi ótimo para o desenvolvimento da criança.

— Poxa, a gente nem imagina, né? Agora é que vou atrás dessa mãe "do portão".

— Claro, dê uma oportunidade, mas não chegue chegando, senão você pode espantá-la.

— Sim! Mas deixa eu lhe perguntar outra coisa, estou preocupada com a aprendizagem das crianças.

— Que bom!

— Como posso fazer com que eles aprendam? Preciso que todos estejam alfabéticos até o final do ano! – falou com espanto.

— Impossível, isso nunca vai acontecer! – falei, propositalmente, deixando-a ainda mais aflita e seus olhos verdes ainda mais arregalados.

— Mas, mas... — ela ficou tão espantada que nem conseguia se expressar.

— Calma, falo dessa forma justamente para te causar espanto para, assim, você prestar atenção. Você já fez a avaliação dessas crianças? Você sabe de qual ponto partirá? É melhor darmos passos curtos e constantes do que passos largos sem constância.

Ela me olhou com um misto de alívio, mas sem saber muito o que fazer.

— Dever de casa. Avaliar esses alunos, descobrir seus interesses, pontos fracos e fortes, traçar metas para todos e para cada um.

E lá se foi ela com seu dever. Passados quinze dias, ela me enviou um *e-mail*. A essa altura, já estava pensando que ela havia desistido.

— Você não vai acreditar, fiz avaliação com todos. Sabe aquele garoto que é agitado, cutuca os outros, fala sem parar? Ele mora num sítio e conversando me contou que sabia distinguir pintinhos machos das fêmeas. Ele deu uma aula para a classe, foi o máximo e também uma bagunça de pintinhos pela sala. As crianças se divertiram muito. Ele está mais calmo e estamos programando a próxima aula que será 'como fazer mudas de orquídeas". Você quer vir assistir?

À medida que lia o *e-mail*, chorava. Ela havia entendido. A retroalimentação do sistema nutriu a todos. A professora nutrindo os alunos que, em casa, nutrem os pais, e os pais nutrindo os filhos e a escola. Sensacional!

Logicamente que combinamos, fui e chorei de alegria.

— Agora eu acredito que boa parte da sua turma chegará alfabética até o final do ano, e quem não chegar estará bem perto.

Só me lembro daqueles olhos verdes vibrantes, tão feliz. Despedimo-nos e seguimos cada uma para sua casa.

> *Na inclusão, não buscamos apenas a formação acadêmica dos nossos alunos e sim o sentimento de pertencimento. O sentimento de pertencimento traz FELICIDADE e saúde emocional para todos os envolvidos, alunos, famílias e professores.*
> DANIELA ROCHA

Referências

BEYER, H. O. *Inclusão e avaliação na escola: de alunos com necessidades educacionais especiais*. Porto Alegre: Mediação, 2005.

COLL, C.; PALACIOS, J.; MARQUESI, A. (org). *Desenvolvimento psicológico e educação: necessidades educativas especiais e aprendizagem escolar.* Trad. Marcos A. G. Domingues. – Porto Alegre: Artes Médicas, 1995.

GÓES, M.C.R. *Políticas e Práticas de Educação Inclusiva.* São Paulo: Autores Associados, 2004, v.1.

MANTOAN, M. T. E. *Inclusão Escolar – O que é? Por quê? Como fazer?.* São Paulo, Ed. Moderna, 2003.

MITTLER, P. *Educação inclusiva: contextos sociais.* Trad. Windyz Brazão Ferreira - Porto Alegre/ RS: Artes Médicas Sul, 2003.

PROCURADORIA FEDERAL DOS DIREITOS DO CIDADÃO. *Acesso de pessoas com deficiência – as classes e escolas comuns da rede regular de ensino.* Brasília, DF, 2003.

RODRIGUES, D. (org). *Inclusão e educação: doze olhares sobre a educação inclusiva.* São Paulo: Summus Editorial, 2006.

SANTOS, B. R. A. *Comunidade escolar e inclusão: quando todos ensinam e aprendem com todos.* Lisboa, PT: Instituto Piaget, 2007.

STAINBACK, S.; STAINBACK, W. *Inclusão – um guia para educadores.* Trad. Magda França Lopes – Porto Alegre/ RS: Artes Médicas Sul, 1999.

10

OS DESAFIOS PEDAGÓGICOS E MENTAIS ATÉ A CHEGADA AO NOBEL DA EDUCAÇÃO

Neste capítulo, compartilho minha trajetória como educadora ao lado dos meus alunos surdos até a chegada ao Nobel da Educação. Desejo que minha história o inspire a ser um professor extraordinário. Que você possa, por meio da sua missão e propósito na educação, impactar muitas vidas e escrever uma história que terá, um dia, alegria de contar.

DOANI BERTAN

Doani Bertan

Formada em Pedagogia, pós-graduada em Educação Especial; Libras; Psicopedagogia; Prática e Interpretação de Libras Avançada com Ênfase na Elaboração de Material Didático Bilíngue Português/Libras. Cursando Mestrado em Educação. Atua como professora bilíngue de alunos surdos e ouvintes, idealizadora e responsável pelo canal Sala8 e finalista do Prêmio Global Teacher Prize 2020.

Contatos
doani25@hotmail.com
Youtube: sala8
Facebook: sala8doani
Instagram: @sala8doani
19 98322 0142

Recordo-me, quando criança, da minha mãe em meio a linhas e tecidos e um relógio que não esperava. Ela costurava para a vizinhança a fim de complementar o orçamento do mês. As tardes em casa tinham dois sons: a **máquina de costura e a doce voz da mamãe**, que embalava um ensinamento que carrego comigo até os dias atuais: "o aprendizado não ocupa espaço".

Já no primeiro semestre da faculdade de Pedagogia, eu sabia que meu caminho estava traçado para a Educação Especial, assim nomeada naquela época, e, ali, já conhecia Libras. Logo surgiu em meu caminho uma das pessoas que mais me ensinou e inspirou: minha primeira amiga surda, Lucinéia.

Entendi que poderia fazer mais pelos surdos se estivesse em uma escola. A oportunidade apareceu com um concurso em Campinas. Considerada desde o ano de 2008 como escola polo bilíngue, a EMEF Júlio de Mesquita Filho, na cidade de Campinas/SP, possui especificidades, a saber: grande concentração de alunos surdos matriculados, professores e intérpretes proficientes em Libras, efetivo empenho no que tange à disseminação da Libras como agente socializador e constante busca por ofertar práticas educativas em consonância com a atualidade. A grande presença de surdos fomenta a construção da identidade e da cultura surda, bem como as trocas dialógicas. A partir de 2017, a Secretaria Municipal de Educação de Campinas, em conformidade com a atual portaria 13/2016, disponibilizou para as salas de aulas onde se encontram alunos surdos um professor bilíngue (Língua Portuguesa/Libras) para atuação em docência compartilhada com o professor regente. Foi nesta escola que iniciei minha jornada efetiva como professora bilíngue. Sempre almejei fazer mais por meus alunos. Esse "mais", inicialmente, se resumia a atendimentos fora de horário escolar por meio de videochamadas para esclarecer alguma dúvida que surgisse durante as lições de casa.

Infelizmente, com o tempo escasso, nem sempre podia atendê-los da forma como eu gostaria e, cada vez mais, procurava um meio de suprir essa necessidade. Assim, surgiu a ideia de produzir videoaulas de maneira sistematizada, viabilizando os estudos fora do ambiente escolar, com os conteúdos propostos, e contribuir com o processo de aquisição/construção da Libras aos surdos e aos ouvintes.

As principais contribuições das videoaulas bilíngues foram: estímulo para os estudos (contemplando ambos os públicos), uma vez que sua visualização se dá por meio do manuseio de tecnologias que muito agradam os alunos; possibilidade de estudo fora do ambiente escolar, favorecendo assim as tarefas de casa; interesse e aprendizado da Libras aos alunos e familiares ouvintes; suporte aos pais, surdos e ouvintes, no auxílio das tarefas de casa a seus filhos surdos.

Acredito que a problemática a ser sanada não consiste nas dificuldades dos alunos, mas sim em possibilitar novas experiências para com os processos de ensino e aprendizagem a eles ofertados.

Compreendo que a prática docente deve se expandir para além da sala de aula, criando conexões com o conteúdo e com a aprendizagem. Existe uma escola do século XIX, operada por profissionais do século XX, para estudantes do século XXI, que tem urgência na sua reformulação, na adequação às exigências do seu tempo presente, ofertando ferramentas para todos os públicos.

Com o intuito de (re)criar a minha prática pedagógica, optei por ofertar, por meio das Tecnologias Digitais da Informação e Comunicação (TDCI), videoaulas que contemplassem os alunos surdos e ouvintes.

Desde sempre, a problemática enfrentada pela educação bilíngue é a escassez de material didático específico. Houve uma crescente na confecção de materiais em Libras, contudo fatores comprometem sua eficácia: materiais impressos dificultam o entendimento do sinal; o regionalismo linguístico, elemento que legitima a Libras, não é contemplado; enfoque na educação infantil e na aquisição da Libras.

Para suprir essa adversidade, passei a desenvolver videoaulas utilizadas em sala e nas tarefas de casa. A percepção dessa possibilidade se deu mediante uma prática comum entre meus alunos e eu: as conversas em horário extra-aula por videochamadas. Nesses contatos, além de amenidades, falávamos sobre a aula, dúvidas e tarefas de casa.

Essas tutorias *on-line* se intensificaram e muitos foram os vídeos enviados. Buscando ofertar um material mais atrativo, iniciei a produção de videoaulas de maneira sistematizada, acompanhando os conteúdos estudados em sala. Comuniquei essa modalidade de estudo aos alunos, que demonstraram muito interesse nessa nova maneira de estudar. Muitos foram os questionamentos considerados, pois conseguir explorar o potencial tecnológico requer um grande repensar pedagógico para proporcionar ao aluno o papel de agente de sua aprendizagem. O planejamento foi intenso, com inúmeras idas e vindas, tendo a sua concretização com o Canal Sala8 no *Youtube*.

Dada minha inexperiência ao tema, realizei pesquisas que contribuíram com dados: escassez de aulas acessíveis em Libras; tempo médio de uma videoaula; fatores negativos de videoaulas extensas; edição; legendagem.

Outro passo foi iniciar a escrita dos roteiros das videoaulas. Insegura, solicitei a duas amigas professoras especialistas (Língua Portuguesa e Matemática) momentos para troca de experiências.

A escrita das aulas foi concebida gramaticalmente respeitando as peculiaridades da Libras, a fim de garantir qualidade e fidelidade linguística. A roteirização me exigiu intenso estudo da língua, transformando-se em uma verdadeira imersão linguística. Outra observação: o conjunto da obra deveria contemplar o público infantil, portanto a sinalização necessitava ser clara, com muitos classificadores e expressões.

Com a videoaula piloto concluída, apresentei aos alunos surdos para avaliação. De forma delicada, uma aluna surda informou: "Na minha opinião, a única coisa que precisa melhorar é aumentar a tela das imagens porque está muito pequena para assistir no celular". Para atender a essa solicitação, aprimorei a forma de edição e modifiquei a maneira de exibir o conteúdo ilustrativo.

Para garantir a qualidade da Libras, recorri a uma professora, surda para que fosse a revisora. Durante a fase de edição da primeira videoaula, tive a ideia de ofertar, por meio de *links*, atividades extras, a fim de amplificar ao aluno a experiência da autonomia, bastando que o aluno acessasse o *link* para baixá-las e imprimi-las. No tema Gêneros Textuais, Poema, por exemplo, não há atividade impressa. O aluno é incentivado a pesquisar vídeos que apresentem poemas em Língua Portuguesa ou em Libras.

Inauguração do canal Sala8

O **Canal Sala8** foi aberto após a aprovação de pais surdos e ouvintes, professoras bilíngues e outros alunos surdos da escola.

Em sala de aula, aproveitamos as videoaulas como material didático, tendo as devolutivas mais positivas possíveis: "Professora, coloca o vídeo da Fábula de novo? Acho que confundi o que é moral da história".

Os alunos, surdos e ouvintes, dos períodos matutino e vespertino, relataram que os vídeos possibilitaram, além da aprendizagem e recordação do conteúdo proposto, o aprendizado da Libras, porém de um "jeitinho mais legal". "As aulas podem ser sempre assim?"

Outras contribuições foram percebidas: relação de pertencimento, amenizando o estigma da diferenciação e segregação, já que as videoaulas são planejadas e desenvolvidas para atingir a todos (o que não ocorre com a maioria dos materiais, concebidos de forma exclusiva a um único público); aumento no prestígio linguístico da Libras e consequente interesse no aprendizado desta língua; relação do conteúdo apresentado com situações cotidianas; apreciação das videoaulas por crianças autistas; promoção do uso das tecnologias para além das redes sociais e jogos; proveitoso interesse quanto à produção e edição de vídeos; estreitamento na relação professora-aluno em dois motivos mais específicos: afetividade, por compreenderem que o canal é algo produzido para eles; identificação, principalmente com os adolescentes, por terem uma professora "*Youtuber*".

A estagiária de Pedagogia, surda, relatou: "Nunca ninguém me ensinou isso, diziam que rima era coisa só para ouvintes", após assistir à videoaula sobre Poemas.

As devolutivas familiares evidenciaram a empolgação dos alunos por aprenderem com as videoaulas em Libras. Alguns relatos de pais ouvintes cujos filhos também o são: "No horário estipulado para usar o computador, percebi que meu filho tem diminuído o tempo de jogo para, com a irmã, assistir e fazer Libras".

E o bordão "se deseja transformar a sociedade, invista nas crianças", se efetivou: pais ouvintes, estimulados por seus filhos, passaram a acompanhar as videoaulas que são postadas no nosso grupo privado, aproximando os familiares do cotidiano escolar com postagens de atividades desenvolvidas, dicas de estudos, dentre outros temas relacionados ao ensino-aprendizagem.

Também obtive muitas devolutivas das famílias dos alunos surdos cujos pais também são surdos. Um pai narrou que gostaria de ter vivenciado a experiência vivida por sua filha, pois, em seus anos escolares, as barreiras comunicativas sempre foram um enorme empecilho para seu aprendizado e socialização.

Uma mãe surda relatou que se sentia confusa com seus sentimentos perante as videoaulas: tristeza por não ter tido a oportunidade de estudar desse modo tão adequado à sua especificidade, porém muito feliz por saber que seus filhos estão sendo contemplados. Os familiares ouvintes cujos filhos são surdos demonstraram gratidão pela oportunidade de conseguirem participar dos momentos de estudos em casa, devido ao aprendizado/compreensão dos sinais específicos do cotidiano escolar.

Tenho recebido mensagens de professores de surdos de diferentes regiões do Brasil, parabenizando, sugerindo temas para os próximos vídeos ou pedindo instruções de como produzir videoaulas.

Faz-se imprescindível repensar a educação para algo amplo e dinâmico, que rompa os muros da escola e atenda às crescentes exigências e modificações da sociedade em que está inserida.

Com a imersão dos alunos ouvintes na comunidade surda, a Libras passou a ser entendida como uma ponte para a comunicação, novas amizades e aprendizados, além de permitir aos alunos entenderem o real sentido da palavra empatia, construindo nesses brasileirinhos a capacidade de compreender as diferenças, respeitá-las e estarem abertos a culturas distintas e à diversidade. Aos alunos surdos, o conhecimento oferecido, respeitando a sua especificidade linguística, retira desses pequenos cidadãos a condição de "deficiente" (sempre atrelada à incapacidade), embutindo neles a condição da diferença, empoderando-os para a vida em sociedade.

Compreendo que compete à minha atuação, enquanto professora e cidadã, contribuir para as mudanças nos paradigmas da sociedade atual perante a aceitação das diferenças, prestígios linguísticos e reconhecimento da diversidade em meu país e no mundo.

Um dia vi a possibilidade de o mundo conhecer a história desses brasileirinhos surdos ao lado de uma professora que crê que o extraordinário pode acontecer em sala de aula. Foi por isso que decidi compartilhar nossa história no Global Teacher Prize 2020, considerado o Prêmio Nobel da Educação. Nossa história de transformação e minhas práticas pedagógicas inovadoras me levaram a ser uma das 10 finalistas no mundo. A Fundação Varkey busca reconhecer e celebrar o impacto que os professores têm em todo o mundo – não apenas em seus alunos, mas nas comunidades ao seu redor.

Desejo inspirá-la a ser a professora que deseja ser e lembrar que sonhos são reais, você só precisa agir. Agora, responda:

Qual é o legado na educação que você um dia terá alegria em contar?

"Sem saber que era impossível, foi lá e fez"

Referências

QUADROS, R. M.; CRUZ, C. R. *Língua de sinais: instrumentos de avaliação.* Porto Alegre, Artmed, 2011.

SKLIAR, C. Uma perspectiva sócio-histórica sobre a psicologia e a educação dos surdos. In: *Educação & Exclusão-Abordagens socioantropológicas em Educação Especial.* Porto Alegre: Mediação. 2004.

VYGOTSKY, L.S. *A construção do pensamento e da linguagem.* São Paulo: Martins Fontes. 2001.

11

CUIDANDO DE QUEM CUIDA

Prepare-se para embarcar em uma leitura emocionante, pois este capítulo é uma espécie de abraço. Que tal se conectar novamente com o sonho que te fez escolher essa linda profissão de educador, resgatando a pessoa extraordinária que você é?
Caso seu brilho esteja apagado, não se preocupe, estamos aqui para ajudar a encontrar o interruptor. Preparado(a)?

FERNANDA COSTA LARCHER E VANESSA MONDIN MARTINS

Fernanda Costa Larcher

Psicóloga, pós-graduada em Psicologia Junguiana, formada em Psicobiofísica, educadora parental, escritora e compositora. Atua em consultório como psicoterapeuta e é autora do livro *Com amor, mamãe*.

Contatos
fernandac.larcher@gmail.com
www.girassolvidah.com
Instagram: @girassolvidah
Facebook: Girassol Vidah
11 98086 7910

Vanessa Mondin Martins

Especialista em Desenvolvimento Humano, educadora parental, emocional e educacional, praticante de Barras de Access, graduanda de Psicologia e coautora dos livros *Coaching para pais 2* e *Contos que curam*.

Contatos
vanessamondinmartins@gmail.com
Instagram: @vanessamondinmartins
11 98184 0497

Ambas são palestrantes e facilitadoras do **Girassol Vidah**, consultoria fundada por Fernanda que leva acolhimento e educação emocional para unidades educacionais por meio de oficinas, *workshops*, palestras, cursos e treinamentos.

> *Somos a história que escrevemos, o importante é acreditar nos seus sonhos e pintar a sua vida com as cores da sua imaginação.*
> NETO MONTANA

Vanessa

"Era uma vez uma menina que sonhava em ensinar. Todos os dias, quando retornava da escola, convidada os amiguinhos a brincar.

Os tijolos viravam banco e a mesa era de blocos de construção. Lá vinha a menininha, com lousa e giz na mão.

Na parede da garagem, sem pintura e rebocada, sua lousinha era colocada. E antes dos alunos chegarem, a "escolinha" já estava montada.

O pó que o giz soltava a fazia espirrar, e ela nem se importava, pois estava a ensinar. E usando sua imaginação, esse pó mágico era a sua inspiração.

A cada dia de aula, seu desejo aumentava. Pois o encontro com suas professoras sempre a inspirava. Para seus sonhos mais genuínos, ir à escola era motivação. Nascia assim na menina um objetivo e uma vocação.

Alguns anos se passaram vivendo toda essa magia. A fase adulta chegou, e esse sonho para trás ficou. Mas não de todo abandonado, apenas em seu coração guardado.

Ganhando vida no Girassol Vidah, a menininha hoje é uma mulher querida, que cuida de professores, de seus sonhos e suas dores.

Fernanda

"Em um lugar não tão distante, outra menininha traçava um sonho gigante. Queria ser vista como era, espontânea, irreverente, alegre e sincera. Gostava de imitar, interpretar, cantar e dançar.

Mas uma dor muito grande atingiu sua alma de menina, que se sentiu tão pequenina. Por não querer a ninguém preocupar, continuou a sorrir, e as lágrimas apenas no travesseiro deixava cair.

Passou a admirar muito quem lhe passava lição, nascendo assim na menina, uma nova vocação. A pessoa que ela admirava, vivia de avental e giz na mão.

Anos mais tarde, já grande, juntou o sonho de adulta com o sonho de antes: hoje ela é psicóloga, artista e palestrante."

Acolhimento

Pare um instante e reflita: como está se sentindo? O que se passa no seu coração exatamente agora? Esse instante é seu, entregue-se e deixe fluir. Por favor, anote.

_____
_____
_____

Antes de seguir com a sua leitura, fazemos um convite: relaxe, procure uma posição confortável e faça três respirações bem profundas, inspirando amor e expirando os desafios e inquietudes do seu coração. Com os olhos fechados. Vamos lá?

Logo após esse momento, vá voltando devagar, fazendo leves movimentos com seus pés, pernas, mãos, braços, espreguice-se e dê um abraço bem carinhoso em você, dizendo para si o quanto é importante e especial, o quanto merece esse carinho e esse reconhecimento. Acolha-se! E se as emoções vierem, deixe-as virem. Elas fazem parte das nossas vivências e da nossa essência, e está tudo bem.

Sorria, e caso tenha alguma outra pessoa ao seu lado, sorria a ela também. Sorriu? Nesse mesmo instante, lembre-se de que você é a pessoa MAIS IMPORTANTE da sua vida.

Conexão com as histórias

Aproveitando as histórias aqui contadas, pense por um instante no momento em que a ideia de ser professor(a) lhe surgiu. Como é se conectar com esse momento?

_____
_____

Você é o(a) professor(a) que escolheu ser? Lembre-se de que dentro de você habita um ser extraordinário. Seja honesto(a) e gentil consigo e, por favor, faça uma análise do(a) profissional que você é hoje.

_____
_____

Escuta

Nossas escolhas devem ser baseadas em nosso propósito, valores e coração. E tudo isso se constrói a partir do momento em que respeitamos as nossas necessidades, compreendemos os nossos sentimentos e entendemos de fato o nosso lugar no mundo. E tudo está onde deveria estar.

A busca por conexão a partir de histórias, o acolhimento inicial e as perguntas curiosas refletem a essência do nosso trabalho no Girassol Vidah.

Na prestação do nosso trabalho, sempre começamos pela escuta, pois como acolhemos os outros se não escutarmos de fato o que eles têm a nos comunicar? Você sabe a diferença entre OUVIR e ESCUTAR?

> *OUVIR é um processo mecânico referente ao sentido da audição, é além de sua vontade. Já ESCUTAR é uma ação que depende da sua vontade em prestar atenção, tentar entender o que está sendo dito, refletir, e, depois de assimilado o conteúdo, concordar ou não.*
> (AWAD, 2020)

Em nossa cultura imediatista, escutar é uma habilidade rara, mas usada e encorajada em larga escala em nossos trabalhos.

Marshall Rosenberg (2006), importante psicólogo norte-americano e criador da Comunicação Não Violenta, escreveu: "Quando escutamos os sentimentos e necessidades das pessoas, paramos de vê-las como monstros".

Compreende agora a grandeza da escuta? Imagine-se sendo escutado e escutando as pessoas com interesse e atenção. Essa escuta qualificada é o que abre as portas para deixarmos o julgamento de lado e, em seu lugar, cultivarmos a empatia e a compaixão.

O escutar é fundamental para construirmos boas relações e é nesse momento que iniciamos o nosso trabalho.

Quando se trata de um trabalho novo, nos deparamos com a surpresa das pessoas com nosso interesse em escutá-las, seguido de um momento que divertidamente apelidamos de "Essa alma quer falar".

Seja por meio de um microfone circulando quando estamos no presencial, do direito de fala nos encontros on-line ou por meio da interação na sessão de bate-papo quando o grupo é grande, falar é uma necessidade humana que damos grande atenção. E como as pessoas falam! Dentre tantas atividades e conteúdos enriquecedores, em nossos cursos o protagonismo é dado à escuta do que cada grupo tem a dizer, questionar, partilhar e contribuir.

E assim acolhemos, e o grupo inteiro se beneficia de ricas partilhas de sentimentos e experiências.

Mas nem sempre foi assim. Essa forma de conduzir nossos grupos partiu de uma necessidade que percebemos nos professores, notamos que o que eles mais precisam, antes de qualquer aprendizado, é serem vistos em toda sua magnitude e grandeza, reconhecidos e valorizados, escutados e acolhidos.

Base teórica

> *Aprenda todas as teorias, domine todas as técnicas, mas ao tocar uma alma humana, seja apenas outra alma humana.*
> (JUNG, 2013)

Nosso trabalho bebe na fonte da Psicologia Analítica, de Carl Gustav Jung (1875-1961), ilustre psiquiatra e psicoterapeuta suíço. Sua teoria é também conhecida como Psicologia Junguiana, e, dentre outras possibilidades, visa auxiliar o indivíduo a resgatar a sua essência, ou seja, viver com autenticidade. Para tanto, é necessário ajudar as pessoas a integrarem aspectos inconscientes à consciência e estabelecer um equilíbrio entre mundo interno e externo.

Jung dizia que, até nos tornarmos conscientes, o inconsciente dirige nossas vidas. E o que exatamente isso significa?

Antes de mais nada, vale ressaltar que o inconsciente é a parte desconhecida de nossa mente, responsável pela maioria de nossas escolhas. Quanto mais acessamos o inconsciente, mas assertivas tendem a ser essas escolhas.

O autoconhecimento é tão importante para todo indivíduo que promovemos essa possibilidade logo após o acolhimento e escuta iniciais, com práticas de autocuidado e que elevam a autoestima do educador.

Essa é a nossa forma de democratizar o acesso de algo tão profundo, valioso e complexo como a Psicologia Junguiana, convidando os educadores para olharem para dentro de seus corações. Segundo Jung (2017), a forma de seguir o saber do coração só pode ser alcançada se conseguirmos viver plenamente nossas vidas.

> *Sua visão se tornará clara somente quando olhar para dentro de seu coração. Quem olha para fora, sonha; quem olha para dentro, desperta.*
> (JUNG, 2016)

Habilidades socioemocionais dos educadores

Vale ressaltar que entendemos por educador todo aquele(a) que atua no ambiente escolar, desde o vigia, porteiro, profissionais da limpeza, segurança, cozinha, secretaria, equipe gestora, apoio técnico e administrativo, até o corpo docente como um todo, pois, em maior ou menor grau, todos têm contato com os alunos e estão ali em prol deles.

Valorizamos e acreditamos no senso de importância e pertencimento de todos que fazem parte do contexto escolar, além do sentimento de união do grupo. Para nós, olhar para a comunidade escolar é olhar para o professor e para o todo.

A ideia dos educadores ensinando habilidades socioemocionais para as crianças e jovens, sem antes terem passado eles mesmos por esse processo, nos pareceu tão absurda quanto um professor de inglês ter que ensinar francês do dia para a noite sem conhecer o idioma.

Só se ensina o que se sabe, e só se dá o que se tem.

Para educar alunos emocionalmente preparados, é necessário entender suas emoções, pensamentos, sentimentos, compreender o seu jeito de ser e de lidar com as situações, porém é importante os educadores passarem pelo autoconhecimento antes de reverberar aos alunos. Quando eles identificam essas ações em si, conseguem lidar e orientar seus alunos a fazerem o mesmo, tendo a oportunidade de utilizar uma comunicação mais afetiva, assertiva e poderosa.

Nosso interesse está voltado para toda a comunidade escolar, que envolve educadores, famílias e alunos.

Seguimos sonhando grande e assinando embaixo da célebre Dra. Jane Nelsen (2017), criadora da Disciplina Positiva:

> "Segue sendo meu sonho criar a paz no mundo através da paz nos lares e salas de aula. Quando tratarmos as crianças com dignidade e respeito, e lhes ensinarmos valiosas habilidades de vida para formar um bom caráter, elas derramarão paz no mundo."

Nosso convite é finalizar este capítulo exercitando o autoconhecimento por meio de uma atividade proposta pela psicóloga Cristiane Rayes.

Escreva em cada um dos dedos uma habilidade/competência que você considera mais admirável em si.

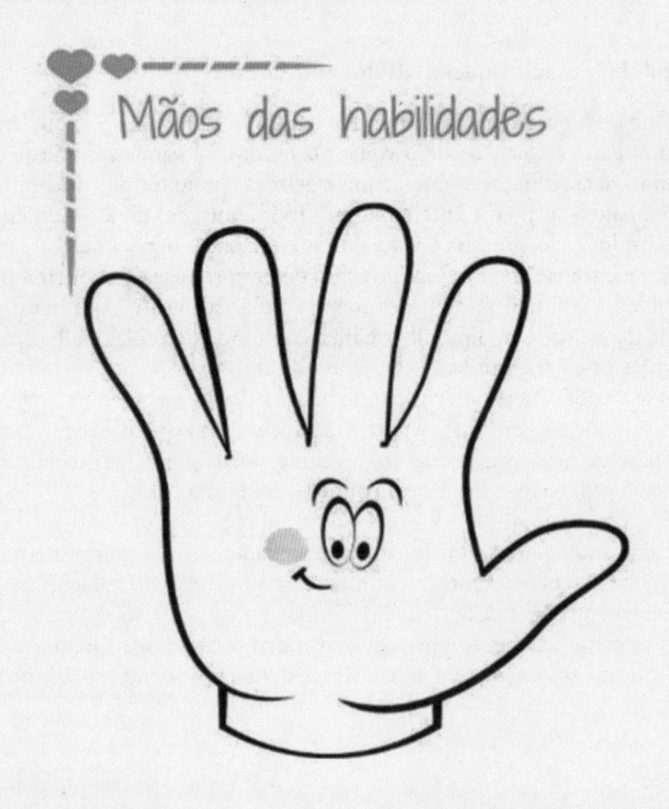

Mãos das habilidades

Como é se deparar com todas essas qualidades? No dia a dia, você se dá conta do quão especial é? Já havia pensado sobre isso?

Esses são pontos de partida para o verdadeiro **cuidar de quem cuida.**

Conexão
União
Inteligência Emocional
Desenvolvimento pessoal
Acolhimento
Responsabilidade

Cuidar de si é a melhor forma de cuidar de quem você ama.
DANILO FERRAZ

Referências

AWAD, V. B. *Você sabe a diferença entre ouvir e escutar?.* Disponível em: <https://elos.org.br/203-2/>. Acesso em: 05 jan. de 2021.

PENSADOR. Frases Danilo Ferraz. Disponível em: <https://www.pensador.com/autor/danilo_ferraz/>. Acesso em: 07 jun. de 2021.

GLENN, S.H; LOTT, L; e NELSEN, J. *Disciplina Positiva em sala de aula.* 4.ed. Tradução: Bete P. Rodrigues. São Paulo: Manole, 2017.

JUNG, C. G. *O Livro vermelho liber novus.* Edição e introdução: Sonu Shamdasani. São Paulo: Vozes, 2017.

JUNG, C. G. *O homem e seus símbolos.* Nova edição. Tradução Maria Lucia Appy. Harpercollins, 2016.

JUNG, C. G. *A prática da psicoterapia.* 16.ed. Tradução: Maria Lucia Appy. Petrópolis, RJ: Vozes, 2013.

MASTINE, I.; RAYES, C. *Autoestima de A a Z.* Literare Kids, 2020.

ROSENBERG, M. B. *Comunicação não violenta: técnicas para aprimorar relacionamentos pessoais e profissionais.* São Paulo: Ágora, 2006.

12

PROFESSOR, VOCÊ ESTÁ OCUPADO OU ESTÁ PRODUZINDO?

A rotina docente pode ser algo exaustivo. Dessa forma, a praticidade e assertividade na atuação docente são fundamentais. Este capítulo tem como objetivo trazer reflexões sobre a atuação do professor, bem como apresentar situações e estratégias de produtividade docente aplicáveis, proporcionando equilíbrio entre as áreas da vida e sentimento de realização em ser professor.

FERNANDA PIRES

Fernanda Pires

É doutora em Educação e Saúde na Infância e Adolescência, mestre em Pedagogia do Movimento, possui MBA em Gestão do Ensino Superior e especialista em Psicomotricidade e em Psicopedagogia Clínica e Institucional, formada em Pedagogia e Educação Física. Possui experiência de mais de 20 anos na área da Educação. Atua como professora de Educação Básica na rede pública de Guarulhos, docente e coordenadora de curso no Ensino Superior e idealizadora do movimento de construção da carreira para a qualidade de vida do professor por meio de cursos, treinamentos, palestras e elaboração de materiais técnicos e ferramentas.

Contatos
fr_pires@hotmail.com
Instagram: @afepires
Facebook: Fê Pires
11 98425 4527

Onde tudo começou...

Antes de iniciar, quero contar a história de uma professora que tinha muito amor pelo que fazia. Começou atuar muito jovem, sempre criando novas possibilidades de ensino.

Ao longo do tempo, foi ministrando mais aulas, estudando, se especializando.

Um dia, essa professora se apaixonou e se casou. Mas continuou com a outra paixão: a docência. Ela sempre pensava no melhor para os seus alunos e organizou uma avaliação rica em reflexões e registros.

Ela tinha prazos para entregar e lançar essas notas no sistema, e sua sorte foi que a entrega era em um feriado: "Perfeito!" Ela pensou. Daria tempo de corrigir todos os registros.

Estava no piloto automático e não se deu conta de que seu aniversário era nesse mesmo feriado. Enquanto corrigia aquelas pilhas de atividades, seu marido perguntava: "Falta muito?" E com certo desespero e cansaço, respondia "Estou quase acabando". E esse diálogo se repetiu por mais incontáveis vezes.

Ela tinha até a meia-noite para terminar. E ela conseguiu! Exatamente às 23h57 entregou, exausta, todas as notas.

Nesse momento, seu marido, sem jeito diz:

"Parabéns, meu amor! Que bom que deu tudo certo! Eu havia preparado uma festa surpresa para você na casa da minha mãe, mas iremos amanhã."

Ela perdeu sua festa surpresa. Ela perdeu a oportunidade de celebrar a vida naquele dia. Faltou-lhe estratégias para uma *produtividade docente*.

Essa é a minha história. No início da minha carreira, eu perdi coisas, perdi alguns momentos. Mas ao longo dessa mesma carreira, aprendi como criar estratégias para ter uma vida com mais equilíbrio e saúde e quero compartilhar com você.

O que você já perdeu ou deixou de fazer por conta das suas atribuições profissionais?

Vamos ver neste capítulo que não precisamos perder nada em nossas vidas pela profissão, nem momentos, nem tranquilidade, nem saúde. É possível ter uma vida cheia de satisfação, alegrias e ser um professor extraordinário.

Por que as coisas estão como estão?

Houve um período em que o professor tinha como a principal preocupação o ensino-aprendizagem e suas estratégias pedagógicas.

A sociedade, a família e a relação governamental com a educação sofreram alterações e isso fez com que outras atribuições fossem agregadas à atuação docente.

Essas "novas" atribuições, a baixa remuneração e valorização profissional podem ser os motivos para o desgaste físico, emocional e psicológico dos professores.

O IBOPE Inteligência (2018) realizou uma entrevista com 2160 professores de educação básica. E desses, 49% não recomendariam a docência como profissão para os jovens. Os que certamente recomendariam eram apenas 23%, e esses eram, na maioria, professores em início de carreira.

A pesquisa também revelou que os principais motivos para não recomendarem a docência estão relacionados à pouca valorização da carreira, baixa remuneração, rotina desgastante, infraestrutura, base familiar, desinteresse do aluno e má qualidade do ensino.

Meu objetivo não é defender o desenho educacional e de atuação em nosso país, pelo contrário. Porém, preciso afirmar que não é necessário sofrer com algo que não está sob nosso total controle.

Um exemplo: a infraestrutura da escola que atua não é boa. No lugar de nutrir um sofrimento interno e físico, se questione:

"Mudar isso depende de mim?"

"Tem algo que eu possa fazer?"

"Fazer isso é algo tangível?"

"Até que ponto isso vai influenciar na minha vida como um todo?"

Responder a perguntas como estas baliza e evita o desgaste emocional provocado por situações alheias à sua vontade e ação.

Quero apresentar algumas estratégias para que o professor possa utilizar em sua rotina e pensar, *"além da porta de vidro"*, formas de produtividade docente.

Embora o professor tenha, por cultura, a utilização do termo produtividade como a quantidade de trabalho e/ou trabalhar mais, vamos nos pautar na ideia de que a produtividade se trata do ser produtivo, mas de forma eficiente e não necessariamente quantitativa.

Segundo Theml (2016), existem tarefas de ocupação que muitas vezes são aquelas que "ocupam" o tempo, mas não nos levam a um sonho que tenhamos. E as tarefas de produção nos levam ao caminho de um sonho, de algo maior.

Atuar com base na produtividade não nos faz trabalhar mais, e sim trabalhar melhor e com eficiência, ou seja, menos tempo e mais qualidade para si.

Essas estratégias não são uma receita de bolo. Elas se complementam e é necessário que o professor faça uma reflexão das propostas em um diálogo com a sua realidade profissional.

Projeto de vida

Antes de aplicar qualquer estratégia, é fundamental que o professor tenha clareza de seu Projeto de Vida. Segundo Pires (2020), Projeto de Vida é a elaboração de ideais significativos e ações para o futuro com vistas a alcançar anseios pessoais e que são construídos com base na história de vida, na sua identidade, valores e universo social no qual o indivíduo está inserido. O Projeto de Vida pode estar relacionado ao trabalho, carreira, família, saúde e outras áreas da vida e o próprio indivíduo vai determiná-las.

Saber aonde quer ir, aonde quer chegar, a quem serve, a vida de quem impacta. Para aqueles que não sabem onde querem chegar, qualquer caminho serve e os dias tornam-se sem sentido e qualquer pequeno contratempo gera insatisfação e fadiga.

Onde minha turma vai chegar (ponto A - ponto B)

O primeiro item e que se deve ter clareza é aonde quero chegar com a minha turma ou meu aluno, e isso independentemente da etapa de ensino.

Esse é o ponto-chave e as estratégias seguintes estão alinhadas a ele. Se o professor não sabe exatamente com quais caraterísticas e aprendizados o aluno vai chegar ao final de um determinado período, fica difícil manter o foco e aceita tarefas ou atividades que não estão alinhadas a esse resultado final.

Isso não se trata do planejamento, embora tenha relação. Quando penso "como quero que meu aluno chegue em determinado momento", estou falando de algo maior do que apenas conteúdos e não podemos perder isso de vista.

Horários

Faça um quadro com toda a sua semana, cada linha é uma hora. Faça as anotações das suas atribuições docentes e monte o quebra-cabeças com a estrutura mais econômica e prática, sem perder a qualidade.

Alguns professores não costumam pensar nisso, mas vou dar um exemplo. Uma turma de educação infantil, às quartas-feiras, possui horário no parque e duas alimentações. Fica inviável aplicar uma atividade com tinta, pois é demorada. Isso gera estresse e cansaço físico durante e depois da aplicação.

Essa visão do todo, conhecer os dias mais sobrecarregados, são fundamentais para a gestão de tempo. Por isso, é necessário ter essa estrutura visual e debruçar-se no início do semestre sobre ela para estabelecer a melhor estratégia.

Considere também os períodos na sala dos professores e utilize o foco para manter sua organização. Estabeleça os momentos de descontração com os colegas conforme a sua organização. Assim, o tempo será utilizado com qualidade, as atribuições não atrasarão e ainda manterá as relações sociais que são de suma importância.

Atividades pedagógicas

Existem diversas atividades pedagógicas riquíssimas, mas no momento de aplicar se tornam insanas.

Para professores que ministram aulas na graduação, por exemplo: Como avaliar uma turma com 110 alunos? Uma avaliação teórica, com apenas 5 questões dissertativas. Perceba, isso, em apenas uma turma, já totalizariam 550 respostas para a correção e com prazo de entrega. Será que uma atividade em grupo, com uma prática direcionada e discussões com a turma, não seriam mais ricas do ponto de vista pedagógico, bem como para a dinâmica de trabalho com as correções?

Por óbvio, cada professor e sua área de atuação possuem suas especificidades. No entanto, quero trazer a possibilidade de *"virar a chave"* para a praticidade de forma que não perca a qualidade e ainda ganhe em saúde e satisfação com o que se faz.

As decisões pedagógicas do professor também precisam ser consideradas. Muitas vezes, ele aceita uma turma mesmo sem ter aderência, e isso o faz sofrer um ano todo. Reflita bastante nesses momentos e se esse tipo de aceite vale a pena.

Além disso, se o professor possui o mesmo ciclo e turma, o processo fica tranquilo e otimizado, uma vez que serão documentos semelhantes ou idênticos. E mais, quando o professor não possui os mesmos valores da escola, ele tem o poder da decisão de se manter ou buscar outro local que venha ao encontro com o que acredita, que seja leve.

Ajuda externa

A ajuda externa contribui com a nossa rotina. Para os professores que atuam com a educação infantil, por exemplo, desenvolver a autonomia e incentivar os alunos a serem ajudantes do dia pode poupar o trabalho mecânico e organizacional com materiais e ainda estimular o aluno.

Alguns professores ainda evitam as tecnologias, porém elas podem auxiliar e economizar muito tempo de trabalho com correção de avaliações, elaboração e escrita de relatórios, organização e elaboração das atividades, entre outros.

Caso não tenha familiaridade, dê uma chance para as tecnologias e perceberá os benefícios na rotina profissional e pessoal. Além das ferramentas tecnológicas auxiliarem na praticidade da atuação, hoje existem diversos aplicativos que ajudam manter o foco e a produtividade também.

A aproximação com a família também auxilia muito na prática docente, bem como os benefícios às próprias famílias e alunos. Essa boa relação promove o aumento na qualidade do ensino, envolvimento e traz benefícios ao professor, como o respeito e admiração das famílias e alunos, parcerias nas ações e atividades, tranquilidade no dia a dia.

Uma forma de aproximação, em especial nas redes públicas, é a utilização de mídias sociais como *WhatsApp,* por exemplo. Porém, para que a saúde, organização e dinâmica de atuação continuem, é necessário estabelecer regras claras de utilização da ferramenta e conhecer as possibilidades de formatação.

Atividades administrativas

Esse é um dos descontentamentos e causador de cansaço psicológico dos professores. São diversos os documentos burocráticos e alguns pouco objetivos.

Durante a rotina, é comum nos distraímos com situações ou ações menos importantes. Por isso, é essencial estabelecer em qual dia e horário cada demanda administrativa será realizada, como será realizada e seja constante nessas atividades.

Essa estratégia conversa com a organização do horário e tecnologia, pois essas demandas podem ser otimizadas com o uso das tecnologias e, se inseridas dentro das lacunas de horários e momentos voltados para atividades administrativas, pouparão tempo.

Os maiores inventores da história

Em toda a história, tivemos vários inventores famosos e que nos agraciaram com descobertas incríveis. Mas o maior deles é o professor.

Os professores possuem um poder de criação que se destaca de outras profissões. Isso é muito bom. Por outro lado, é importante controlar e quantificar algumas ideias.

Por exemplo, organizamos um evento e nele os alunos receberiam uma lembrança, confeccionada pelo professor e cheia de detalhes que, multiplicados pela quantidade de alunos, seria inviável.

Por isso, toda ideia que o professor tenha precisa passar por um critério quantitativo, de execução e de tempo, relacionando ainda as outras atribuições docentes.

Quando não fazemos esse exercício, tomamos decisões pedagógicas em que nos arrependemos e que, de forma mais prática, pode ter a mesma beleza e impacto pedagógico. Menos pode ser mais.

Amarrando tudo

A seguir, o modelo de Gestão do tempo e Produtividade docente:

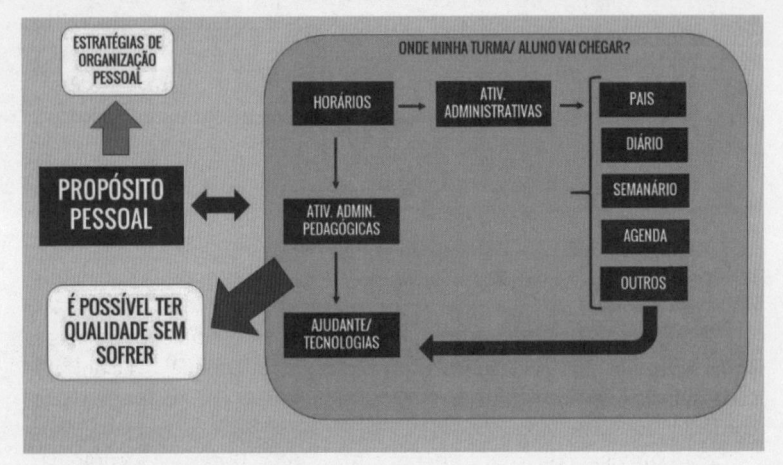

Modelo de Gestão do tempo e Produtividade docente

O que apresento nesta imagem são as estratégias de forma interligada e hierarquizada. As ações se complementam e se relacionam. O professor vai ajustar os itens em um diálogo prático e sensível à qualidade de seu trabalho e à praticidade da sua vida profissional e pessoal.

Isso é absolutamente possível e tangível. O desafio é se debruçar por alguns minutos nessa construção pessoal e manutenção dessa proposta nos primeiros dias.

Mão na massa

Essas são estratégias de como otimizar a rotina docente proporcionando mais tranquilidade, saúde emocional, psicológica e tempo para si.

Ajustando à sua realidade e aplicando por pelo menos 15 dias, os professores sentirão as melhorias nos aspectos emocionais, físicos, psicológicos e de reconhecimento. Ficarei feliz em saber notícias suas, de sua evolução e como ser produtivo trouxe mais *saúde emocional* para viver sua docência extraordinária.

Cada estratégia compartilhada é um exercício para você olhar para si mesmo e aplicar em sua vida para uma *produtividade nota 10* e assim ajudá-lo a viver e celebrar cada momento da vida.

Referências

IBOPE. *Profissão Professor*, 2018. Disponível em: <https://www.itausocial.org.br/wp-content/uploads/2018/07/Pesquisa-Professor_Divulga%­C3%A7%C3%A3o.pdf>. Acesso em: 23 set. de 2021.

PIRES, F.R. *O que você vai ser quando crescer? Falando sobre projeto de vida e comportamentos diversos na adolescência.* Orientadora Denise De Micheli. Tese Universidade Federal de São Paulo, 2020. p.136.

THEML, G. *Produtividade para quem quer tempo*. São Paulo: gente, 2016, p. 179.

13

A AUTOSSABOTAGEM NA ATUAÇÃO DOCENTE

É comum desmerecermos nossas conquistas e nos cobrarmos constantemente por acharmos que não somos bons o suficiente. O nome disso é autossabotagem e, neste capítulo, veremos como os comportamentos sabotadores influenciam negativamente na atuação do docente, também ensinaremos uma técnica para minimizar essa influência e melhorar a *performance* profissional.

IAÇANÃ LÓPES

Iaçanã Lópes

Ex-professora universitária, Mestre em Filosofia do Direito pela UFMG, fez a transição de carreira em 2018 quando teve certeza de que sua vocação era, de fato, o desenvolvimento humano. E, nessa descoberta, o lecionar teve muita importância, pois acredita que lecionar é ser ponte para o crescimento do outro e o *coaching* faz isso com louvor. Hoje é *coach* comportamental com ênfase em Comportamentos Sabotadores/Autossabotagem. É membro da Sociedade Brasileira de *coaching* (SBC) e coordenadora de mídias sociais da seccional mineira da Associação Brasileira dos Profissionais de Coaching - ABRAPCoaching. Atualmente, além dos atendimentos nos processos de *coaching*, trabalha, também, como palestrante e ministra cursos e *workshops* para líderes e equipes.

Contatos
www.ilopesconecta.com.br
contato@ilopesconecta
Instagram: @ilopesconecta
31 9 8767 4304

Como nossa própria mente nos sabota

Professor, você tem medo de dizer não para as pessoas e elas ficarem magoadas? Tem a sensação de que as coisas dão certo para os outros e não para você? Você procrastina muito? Então saiba que, se respondeu sim a pelo menos uma dessas perguntas, está se sabotando.

Nossa mente tem dentro dela uma "voz" que está constantemente nos criticando e nos cobrando por não sermos bons o suficiente como profissionais e pessoas. Ela nos tortura culpando-nos por erros passados, nos fazendo acreditar que sempre deveríamos fazer algo melhor, que estamos perdendo tempo quando descansamos, que é melhor não falar em público, não gravar vídeos para divulgar nosso trabalho, pois "os outros" vão nos julgar. Isso acontece como uma forma de autoproteção criada pelo nosso cérebro e são chamados de sabotadores.

Os sabotadores são mecanismos de defesa desenvolvidos pelo cérebro a fim de nos proteger em nosso período mais frágil de vida – infância e adolescência. Eles são um conjunto de padrões mentais automáticos que nos impele a agir de determinada maneira acreditando que essa ação vá nos preservar dos perigos envoltos nas situações que vivenciamos diariamente. Os sabotadores são um tipo de 'propaganda enganosa', vendem uma ideia e, no final, entregam outra: vendem a ideia de nos resguardar, mas o que acabam fazendo é criar limitações e medos infundados e desnecessários que obstaculizam nosso crescimento pessoal, nosso desenvolvimento profissional, nossa autoconfiança e autoestima.

É importante ressaltar que o aparecimento dos sabotadores não se dá necessariamente em razão de vivências negativas, eles também despontam em crianças que têm famílias acolhedoras e emocionalmente equilibradas. É o caso, por exemplo, de um adolescente que tem pais compreensivos e amigáveis e professores muito atenciosos. Ele pode vir a desenvolver um sabotador que vai "obrigá-lo" a agir sempre de forma perfeita para não decepcionar as pessoas que o amam. Com isso, ele pode vir a tornar-se um adulto excessivamente preocupado com os detalhes, a ordem e a perfeição.

Os sabotadores são as lentes pelas quais vemos e reagimos ao mundo. O problema é que, na maioria das vezes, não sabemos que estamos usando lentes. Portanto, a preocupação não é se você tem os sabotadores, mas quão fortes eles são e o quanto interferem negativamente em sua vida.

Quais são e como funcionam os sabotadores

Como dito, todas as pessoas têm os sabotadores e os desenvolvem nas fases iniciais da vida. "A formação do sabotador é um processo normal e é o primeiro estágio em nosso desenvolvimento mental, quando formulamos estratégias de sobrevivência. (...) Mesmo se você não teve uma infância difícil, a vida ainda assim apresentou muitos desafios para os quais os seus sabotadores foram inicialmente desenvolvidos. Você pode ter tido pais amorosos, mas ainda havia o medo de sua mãe ficar doente e não saber se ela voltaria do hospital. Ou talvez tenha tido um irmão que seus pais pareciam preferir. (...) A infância é um campo minado emocional, independente do quão bom eram seus pais"[1]. Logo, o fato de não termos consciência dos sabotadores não faz com que eles não existam ou desapareçam. Ao contrário, o risco da interferência deles é maior ainda, pois estão bem escondidos e agindo silenciosamente.

Ao todo existem dez sabotadores e cada pessoa tem uma versão própria deles baseada em suas vivências e personalidade. Além do mais, pode ser que um sabotador seja o dominante na vida pessoal e outro, na área profissional. Para identificar a força de cada sabotador em nossa vida, é possível realizar um teste desenvolvido a partir das pesquisas de Shirzad Chamine[2]. Fato é que todos os seres humanos carregam os comportamentos sabotadores no dia a dia e, ao identificar esses comportamentos e minimizar seus efeitos negativos, as relações sociais, o trabalho em equipe e a relação consigo próprio tendem a ser mais assertivas e saudáveis. Abaixo, uma lista – não exaustiva – com um pouco das características de cada um dos sabotadores:

Inquieto: faz várias coisas ao mesmo tempo e, no final, acaba não fazendo nada. Está sempre pensando no futuro, o que gera ansiedade e o faz gastar muita energia, ficando, por vezes, mais cansado que deveria se comparado à quantidade de coisas que realmente realizou. O professor

---

1 CHAMINE, Shirzad. Inteligência positiva: por que só 20% das equipes e dos indivíduos alcançam seu verdadeiro potencial e como você pode alcançar o seu / Shirzad Chamine; tradução Regiane Winarski. – Rio de Janeiro: Objetiva, 2013, pp 28 e 29.

2 Teste disponível em: https://www.companhiadasletras.com.br/testeinteligenciapositiva/

com esse sabotador alto pode vir a ter dificuldade em se concentrar na hora de preparar aula. Por exemplo, começa a pesquisar um assunto e, quando percebe, está com várias abas do computador abertas ao mesmo tempo em *sites* diversos e sem conexão com o tema da pesquisa.

Esquivo: o professor que sofre com o esquivo normalmente não consegue se posicionar numa reunião de pais ou conselho de classe, porque tem dificuldade de lidar com situações difíceis e não gosta de ter que defender sua opinião. O Esquivo faz a pessoa ter comportamentos passivo-agressivo: fica calado e não se impõe e, depois, fica nervoso por ter que lidar com algo que não queria e, de tanto aceitar as vontades alheias para não conflitar (passivo), quando chega ao limite, perde a linha (agressivo). A pessoa que sofre com o Esquivo tem muita dificuldade em lidar com discussões e tende a parecer indecisa, todavia, a verdade é que ela não quer ter que resolver nada para não sofrer as consequências de uma possível decisão ruim. Por isso, também, procrastina muito.

Insistente: tem dificuldade em lidar com críticas e é perfeccionista. Por esse motivo, pode acabar procrastinando por não querer fazer nada mal feito. Um coordenador escolar que sofre com esse sabotador tem dificuldade em delegar tarefas e, possivelmente, está sempre sobrecarregado, pois pega tudo para fazer com medo de os outros não executarem as tarefas de acordo com o que ele acha que é o correto. O Insistente é extremamente minucioso e detalhista, o que leva a pessoa a se cobrar muito tornando a vida pesada. O professor com esse sabotador tende a colocar o nível de exigência sobre seus alunos num patamar muito elevado e sentir-se frustrado com os resultados obtidos, além de intimidar a classe com cobranças duras e constantes, afetando o rendimento dos discentes.

Controlador: esse sabotador quer controlar tudo, inclusive as atitudes e os resultados alheios, a frase do Controlador é "ou estou no controle ou estou *fora* de controle". Quem tem a influência desse sabotador lida mal com imprevistos e sente ansiedade em situações novas. Como quer fiscalizar e determinar tudo, também tem dificuldade em delegar funções. Por consequência, está sempre sobrecarregado. Um diretor escolar que tenha o Controlador alto pode ser uma pessoa que sufoca quem convive com ele e que vive extenuada por fazer microgerenciamento de todas as tarefas. Um professor que sofre com esse sabotador corre o risco de ser autoritário, de não permitir que seus alunos exerçam sua capacidade criativa ao criar novas soluções para as atividades ou resolver problemas, uma vez que ele acredita que seja sua responsabilidade determinar a maneira das pessoas fazerem as coisas.

Hipervigilante: enxerga perigo em todas as situações e está sempre tentando se antecipar a tudo que pode dar errado. Tem plano A, B, C para tudo, é extremamente precavido. Na escola, o diretor ou pedagogo HIPERVIGILANTE é aquele que, ao promover um evento para a comunidade escolar, vai querer alugar tendas para o caso de chover no dia, mesmo que o evento seja em ambiente coberto, por exemplo. A pessoa com esse sabotador está sempre tensa, apreensiva. Por isso, está frequentemente cansada física e mentalmente.

Hiperrealizador: está muito voltado para realização profissional e sucesso, pois para ele essas duas coisas são a medida de seu valor próprio, o que o faz ter tendência *workaholic*; por causa disso, está constantemente com a sensação de ter algo por fazer e sente-se culpado quando tira um momento de folga. Ele acredita que precisa realizar algo produtivo todo o tempo para ser alguém respeitável. Esse sabotador sempre tem o olhar para o que falta, para aquilo que não fez, por isso se julga uma pessoa extremamente procrastinadora e não costuma comemorar suas conquistas porque pensa que não fez mais que a obrigação. Um profissional da educação com esse sabotador tende a exigir excessivamente de si mesmo, acredita que precisa sempre fazer um novo curso, estudar um novo método, ler novos livros. Para ele, seu conhecimento nunca é o suficiente.

Vítima: é o "coitado da turma", tem justificativa para tudo e dificuldade em praticar a autorresponsabilidade. Tem sempre a sensação de que é azarado, que as coisas dão mais errado para ele, tem dificuldade em tomar decisões, enxerga a vida de maneira mais pesada e tem medo de agir. Esse sabotador faz o indivíduo levar demais as coisas para o lado pessoal. O profissional com esse sabotador pode apresentar maior dificuldade de se relacionar com os demais colegas de classe, porque as demais pessoas acabam se afastando por se cansarem do comportamento ressentido e negativo do Vítima. Trabalhar em equipe com ele pode ser desafiador, uma vez que sempre se sentirá inferior com relação aos colegas, repetindo o discurso crítico sobre si próprio para que os outros se compadeçam dele.

Prestativo: tem muita dificuldade em dizer não por medo de desagradar as outras pessoas. Ele prioriza as necessidades alheias antes das próprias, o que faz com que esteja constantemente sobrecarregado e, por consequência, suas tarefas ficam atrasadas/prejudicadas. O profissional com essa característica tende a fazer muitos favores para os colegas, fazer substituições, aplicar provas, executar ações que são de responsabilidade de outras pessoas com a finalidade de agradá-las, todavia, frustra-se por não ter de volta os favores feitos.

Hiperracional: alunos que têm professores com esse sabotador correm grande risco de não serem ouvidos em suas queixas e dificuldades porque o Hiperracional é voltado para questões lógicas e objetivas e tem dificuldade em lidar com emoções – suas e as dos outros – em razão de ter forte pensamento analítico. Quem tem esse sabotador pode ser visto como frio e intelectualmente arrogante. Além disso, costuma ser cético, cínico e afeito a debates.

Crítico: é o sabotador mais importante, porque é ele quem "chefia a gangue", enquanto os demais são os "cúmplices". O Crítico potencializa a ação dos cúmplices e gera muito estresse, raiva, decepção, vergonha. É aquela voz incômoda que age nos desmotivando e desmerecendo, dizendo que "você não é bom o suficiente". Esse sabotador cria no indivíduo o medo de ser julgado. Por outro lado, desenvolve o apreço por julgar os outros, apontar os defeitos, ser debochado; ele também costuma remoer os erros do passado como punição e martírio. Apesar de o Crítico ser o principal sabotador de todas as pessoas, o cúmplice com o qual ele se alia é diferente em cada indivíduo, pois a personalidade e o ambiente no qual fomos criados influenciam nisso.

Por ser o Crítico o principal sabotador, ao enfraquecê-lo, enfraquecemos os demais; fazemos isso rotulando o Crítico e observando os pensamentos sabotadores toda vez que percebemos a ação dele. De forma muito resumida, podemos dizer que a técnica consiste em desacreditar a voz que nos desmotiva, trazendo sua ação soturna para o nível do consciente. Damos um "nome" para o Crítico para que ele se torne "visível" todas as vezes que vier a entrar em ação: note a diferença entre dizer "não sou bom o suficiente" e "o Crítico diz que eu não sou bom o suficiente"; ao fazer isso, o Crítico perde credibilidade, pois a pessoa percebe que não é ela quem acredita nisso. Parece simples, no entanto, aceitar que os sabotadores existem e reconhecer que eles não nos ajudam em nada, bem como manter-se alerta para conseguir identificar quando eles aparecem, é um trabalho minucioso de atenção, percepção e de aceitação de nossas fraquezas.

É importante lembrar que os sabotadores afetam a vida de quem os têm e, também, das pessoas com quem convive. No âmbito escolar, professores com sabotadores altos tendem a ter seu trabalho e didática afetados, o que impactará negativamente no rendimento de seus alunos e na sua relação com eles e com a equipe escolar. Do mesmo modo, diretores/coordenadores que não trabalham para minimizar a interferência dos Sabotadores em suas vidas, podem viver sobrecarregados e frustrados com a sensação de não reconhecimento e impotência, afetando o desempenho de sua equipe.

Referência

CHAMINE, S. *Inteligência positiva: por que só 20% das equipes e dos indivíduos alcançam seu verdadeiro potencial e como você pode alcançar o seu.* Tradução Regiane Winarski. Rio de Janeiro: Objetiva, 2013.

14

COMO O PROFESSOR PODE DESVENDAR OS SEGREDOS DE UMA VIDA E DOCÊNCIA EXTRAORDINÁRIAS POR MEIO DA EDUCAÇÃO PARENTAL

Muitos professores passarão a vida se lamentando por não conseguir equilibrar a jornada pessoal e a profissional. Já os professores extraordinários enxergarão neste capítulo um caminho seguro e estruturado para transformar a família e a docência por meio da Educação Parental.

JACQUELINE VILELA

Jacqueline Vilela

Mãe da Bianca, CEO da empresa *Parent Coaching* Brasil, administradora de empresas, *master coach* com MBA em coaching, formada em *Parent Coaching* pela ACPI – Academy for Coaching Parents International (EUA). Certificada em parentalidade consciente pela The Parent Coaching Academy (UK). Fundadora da Parent Coaching Brasil, empresa pioneira em certificação em *coaching* educacional e formação completa em educação parental, e do método SER, responsável pela transformação de centenas de famílias brasileiras. Coidealizadora do Congresso Internacional de Educação Parental. Autora dos Livros: *Meu filho cresceu e agora?*, para pais com filhos adolescentes; *Pare o mundo que eu quero descer,* sobre a escolha profissional; *Detox digital,* para pais, profissionais e líderes educacionais.

Contatos
parentcoachingbrasil.com.br
contato@jacquelinevilela.com.br
Instagram: @jacqvilela
11 99696 0373

Por que você decidiu ser professor?

> *Uma criança, um professor, uma caneta e um livro podem mudar o mundo.*
> MALALA YOUSAFZAI

Quando eu tinha oito anos, colocava todas as minhas bonecas sentadinhas e chamava o meu irmão de quatro anos para assistir às minhas intermináveis aulas. Eu fazia diário de classe, preparava provas, escrevia livros, ilustrava e usava para contar para os meus "alunos".

Hoje eu percebo o quanto essa paixão por ensinar sempre esteve presente em cada fase da minha vida. Eu troquei as bonecas (e o meu irmão) pelos amigos da escola e da faculdade que elegeram a minha casa como lugar de estudo para as provas, pelas dezenas de estagiários que treinei, pelos adolescentes que eu impactei no *coaching* vocacional e pelas centenas de alunos que eu ensino com muito amor na Parent Coaching Brasil.

Ser professor demanda um grande investimento de tempo e de energia afetiva, já que, ensinando, criamos marcas no aluno. E nessa caminhada, nos modificamos. É realmente uma imensa responsabilidade tocar a vida de outro ser humano por meio do conhecimento, do exemplo e das palavras.

Certa vez eu li que uma ostra que não foi ferida não produz pérolas. As pérolas são o resultado da entrada de um corpo estranho no interior da ostra que, para se proteger, cobre esse objeto (que pode ser uma areia ou uma pedrinha) com camadas e camadas de uma substância chamada nácar. Como resultado, uma pérola se forma.

Traçando um paralelo com a minha história: com seis anos, eu mudei do Rio de Janeiro para São Paulo e foi um processo extremamente solitário porque eu não tinha amigos para brincar. As minhas bonecas e meu irmão de quatro anos me tiraram daquele mundo solitário e frio e me trouxeram para um mundo onde eu podia voltar a ser feliz. De lá para cá, cada vez que eu ensino uma pessoa, eu sei que estou, na verdade, me curando dessa solidão.

O professor extraordinário já descobriu a sua pérola

Sempre que você falar a frase "Eu sou professor", pense na sua história, nos seus motivos especiais para trilhar esse caminho e nas suas pérolas, que nada mais são do que feridas cicatrizadas pelo seu ofício. Nesse caminho exaustivo e muitas vezes solitário, as suas pérolas vão acompanhá-lo e mostrar o real valor do que você faz.

Que tal escrever aqui qual a sua maior pérola, que o fez ser professor?

O seu sistema familiar impacta a sua docência

> *A primeira escola é a família e o primeiro mestre, a criança que fomos.*
> ADALBERTO DE PAULA BARRETO

A outra pérola que o professor precisa descobrir está na sua família. A maioria enfrenta dificuldades para educar os filhos da mesma forma que educa seus alunos. Infelizmente, a grande carga emocional exigida em sala de aula, aliada com inúmeros serviços burocráticos, tira do professor a energia para ser em casa o que é na escola.

Perco a paciência com os meus filhos em casa.
Exijo demais dos meus filhos porque eles precisam ser o exemplo.
Não tenho tempo para os meus filhos, fico mais com os filhos dos outros.
Simplesmente não consigo educar meus próprios filhos.

São algumas das queixas desses profissionais que tentam, em vão, equilibrar uma rotina puxada com outra igualmente desafiadora: ser educador do próprio filho.

Na faculdade, ensinaram que as suas competências vêm dos títulos que você adquiriu, dos livros que precisava ler, dos cursos extras que é obrigado a fazer e não das próprias experiências de vida, que são as suas pérolas.

A sua figura de professor foi construída para ser aquela que suporta, que ampara e que ensina, sempre baseada em fatos e dados, de fora para dentro. Sem descobrir as próprias pérolas, você se perde sobre como educar seus filhos, porque para isso o mundo acadêmico não o preparou.

Como então sentir-se capaz, confiante, seguro para educar os filhos e o de terceiros, fazer escolhas, lutar pelos seus interesses e direitos sociais, se você negligencia a própria carência e sofrimento porque o fizeram acreditar que ser professor é vestir uma capa de super-herói ou super-heroína?

Já aconteceu com você? Sentir-se mal por não dar conta de ser tão extraordinário em casa como é na escola? Ter aquela sensação de fracasso por não conseguir aplicar em casa os recursos que possui como professor?

O professor extraordinário é como um colar de pérolas, que você só constrói internamente, e a educação parental pode ser essa ponte para a integração. Quer descobrir esse universo?

Ser educador parental para si e para o outro

Agora eu quero convidá-lo a integrar a sua vida e a sua docência para uma vida extraordinária pela educação parental.

Vamos começar pelo básico

Educação significa dar a alguém todos os cuidados necessários para o pleno desenvolvimento da sua personalidade.

Parentalidade significa pessoas que, conjunta ou separadamente, assumem o cuidado de uma criança ou adolescente.

Educação Parental é, portanto, as estratégias utilizadas para garantir o crescimento e amadurecimento saudável de crianças e adolescentes.

Pense nisso: o quanto agregaria para a sua vida ter boas estratégias parentais nessa sociedade em que vivemos? Sério, pare um pouco e reflita.

Agora vamos pensar sobre como essas estratégias são compostas.

O ensino tradicional está voltado para soluções externas. Quando um problema acontece com o seu filho como, por exemplo, uma mudança brusca de humor, você tem a tendência de perguntar: como eu faço para ele parar de ser tão mal-humorado?

As perguntas mais acessadas no Google começam com "COMO". Como eu faço essa criança deixar de fazer birra? Como eu faço meu filho comer melhor? Como eu faço meu filho adolescente estudar?

Fórmulas saltam aos seus olhos e aparentemente parecem resolver milagrosamente o problema, mas em pouco tempo você percebe que não funciona para a sua realidade. Muitos dos comportamentos que você não consegue entender da sua família ou dos seus alunos têm uma origem: o sistema familiar.

Famílias são sistemas vivos que interagem. Quem participa desse sistema? Você e todas as pessoas que convivem no mesmo ambiente (cônjuge, filhos, enteados etc.), ou seja, atrás de cada sistema familiar existem várias pessoas convivendo: adultos, crianças, adolescentes em carne e osso, sentimentos, medos e desejos. Resumindo, existe uma dinâmica parental que nunca dá uma trégua, que se alimenta de forma positiva ou de forma negativa.

Todos os dias, ao levantar-se, você constata que a dinâmica continuou existindo, simplesmente porque acordou, seu cônjuge acordou, seus filhos acordaram, a casa ficou barulhenta, os afazeres começaram a demandar a sua atenção, o trabalho, os compromissos, os prazos, os imprevistos, as cobranças, as birras, a bagunça, o silêncio...

E em alguns momentos se torna muito desafiador, você se cobra para aplicar tudo o que aprendeu e em um momento de crise profunda acaba perdendo o autodomínio, gritando, se desesperando. Então esconde esse seu lado negro da parentalidade a sete chaves e foca em transformar os filhos de outras pessoas.

Talvez você esteja pensando: mas como eu mudo isso? Eu não estou conseguindo fazer diferente.

A educação parental vem para ensinar que cada família é exclusiva e que não existe uma solução milagrosa, mas sim uma estrutura adequada para determinada realidade familiar. Se você deseja descobrir como mudar essa realidade, continue lendo.

Há alguns anos eu desenvolvi um método chamado S.E.R. para trabalhar com a Educação Parental, mudando as estruturas familiares:

Significado
Emoções
Relacionamentos

Então vamos lá. Eu quero que você preste atenção nesses elementos cuidadosamente escolhidos porque eles serão a sua referência para ser educador de si e dos outros.

Significado: damos um significado para tudo o que acontece na nossa vida porque precisamos interpretar o mundo à nossa volta para conseguir lidar com ele.

Vamos pensar em um evento: gritaram com você. Qual significado dá a ele?

Se for o seu filho: ele está chateado com alguma coisa!

Se for o seu aluno: deve ter acontecido alguma coisa na casa dele!

Se for o seu cônjuge: ele me desrespeitou!

Note que o evento original foi o mesmo, mas a sua perspectiva em cada evento foi muito pessoal e subjetiva.

E de onde vem os significados que atribuímos? Das nossas dinâmicas e experiências familiares. Infelizmente, as famílias deixaram de se importar com o significado para a existência do sistema familiar e sem ele as pessoas se desconectam e se tornam individualistas.

Por isso, nesse exato momento, o convido a pensar no que de melhor a sua família tem e quais significados dá para:

1. O que casamento significa para você?
2. O que os seus filhos significam para você?
3. Qual o significado da sua família para a sua vida?
4. Você tem usado a sua família como um alicerce ou como um peso?

Entenda: você somente pode mudar a realidade da sua vida familiar sendo responsável por cuidar dos significados que circulam no seu sistema. Significados positivos o fazem responder à vida de maneira diferente – não como espectador, e sim como protagonista.

Também é importante lembrar que cada criança e adolescente que passa pela sua docência possui uma forma muito particular de dar significado às coisas. Será que você está atento para entender e acolher significados diferentes?

Emoções: dependendo do significado que você atribuiu, uma emoção vai surgir.

Essa dinâmica acontece o tempo todo nas famílias. Por exemplo, quando o seu filho quer conversar depois de um dia exaustivo de trabalho e você diz: Agora não, filho!

Seu filho pode pensar: ela não me ama; ela deve estar cansada; ela está brava comigo.

E dependendo do significado, uma emoção brotará automaticamente.

Por causa da correria, acabamos não prestando atenção nessas interações mais importantes que dizem respeito a como os significados e emoções brotam no nosso sistema familiar.

1. Você ajuda seu filho a dar significados ao que acontece?
2. Você conversa com o seu filho sobre como ele se sente?
3. Você costuma dizer como se sente para os membros da sua família?

Dentro da nossa família, podemos treinar a nossa capacidade para entender as nossas próprias emoções. Nossos filhos são mestres em apertar os nossos botões emocionais, disparar os gatilhos que nos tira do equilíbrio. Eles são os nossos professores extraordinários.

Na educação parental, precisamos perceber os sinais que surgem a partir da dinâmica familiar e para isso é preciso voltar a ser uma criança curiosa. Sempre que puder, respire e apenas observe como as pessoas da sua família agem, o que elas dizem, como se comportam depois de dizer algo. Procure perguntar mais: mas o que isso significou para você? E depois: como cada um se sentiu?

Esse exercício também pode ser feito com os próprios sentimentos.

Relacionamentos: os relacionamentos são nutridos pela dinâmica que a família adota e que fazem surgir os significados e emoções.

Voltando ao exemplo anterior:

1. **Evento:** você não tem tempo e diz que não pode brincar;
2. **Significado:** o seu filho pensa que não é amado;
3. **Comportamento:** ele começa a ficar arredio.

Ao notar um comportamento indesejado, você o repreende, seu filho reforça o significado de que não é amado e piora a conduta.

E por que isso acontece?

Porque a maioria das famílias está vivendo em sistema familiar não integrado, sem observar a dinâmica e sem criar senso de pertencimento.

A verdade é que o ritmo de uma educação parental saudável é ditado pela linguagem, valores, regras e propósito alinhados entre a família. O sentimento de pertencer envolve afeto, liberdade, reciprocidade, histórias compartilhadas, ou seja, uma educação parental eficiente.

Nenhum outro sistema é mais conectado emocionalmente do que a família e é a linguagem (verbal e não verbal) que ativa a qualidade dos nossos relacionamentos e produz ações ou reações, positivas ou negativas.

Agora eu o convido a pensar em como os seus relacionamentos são nutridos, seja em casa ou na escola. Você tinha essa dimensão do quanto uma palavra mal interpretada prejudica os relacionamentos?

Educação parental é coisa séria e necessária

São as relações familiares que fornecem a chave para o crescimento pessoal e profissional e a educação parental, por meio dos seus mecanismos e das suas estratégias, pode ajudá-lo.

Parte do seu cansaço vem da falta de recursos para lidar com esse dia a dia exaustivo. A educação parental preenche essa lacuna ao se propor a organizar a sua dinâmica familiar pelas ferramentas estruturadas.

Estamos chegando ao final deste capítulo e, escrevendo essas últimas linhas, só posso lhe dizer que o meu objetivo foi despertar para uma visão diferente sobre educação parental.

Se você leu com cuidado, eu sei que quer mais. Por isso, eu quero presenteá-lo com uma série de materiais que demonstram tudo o que educação parental pode lhe proporcionar.

É simples, basta acessar: https://parentcoachingbrasil.com.br/professorextraordinario

Professores comuns vão ignorar.

Aos professores extraordinários, eu o espero para completar essa jornada linda.

15

O CAMINHO PARA TORNAR-SE UM PROFESSOR EXTRAORDINÁRIO E EMOCIONALMENTE PREPARADO

Superam melhor as adversidades aqueles que cuidam da sua saúde emocional. As próximas linhas são um convite para que você possa olhar para suas emoções mais íntimas. E você, professor, com sua magnitude, importância, autoridade positiva e influência, poderá se beneficiar muito dessa linda ferramenta de desenvolvimento humano para ser instrumento transformador e impactante nas histórias de vidas que serão recontadas a partir de um novo olhar para a própria história.

JULIANA PÉTERLE DE ASSIS FALÇONI

Juliana Péterle de Assis Falçoni

Filha de uma professora que dedicou a vida a lecionar e sustentou seus três filhos com seu esforço, empenho e suor em sala de aula. Educadora parental, formada em administração de empresas, apaixonada por desenvolver pessoas. Formação em PNL, certificada em atendimento para pais pela The Parent Academy of London. *Kids e teen coach*. Formação em *coaching* em grupo familiar. Atuação consciente e Apego Seguro (Método IPA) pela Escola de Educação Positiva. Pós-graduação em Neurociência, Psicologia Positiva e Mindfulness pela PUC-RS e Psicanálise Clínica em formação. Idealizadora da Amar e Acolher, uma empresa desenvolvedora das formações em Educação Parental com foco no desenvolvimento emocional: Jornada das Emoções *Kids, Teen* e Parental. Mamãe da Giovana, do Mateus e da Maria Eduarda.

Contatos
www.amareacolher.com.br
Instagram: @amareacolher e @julianapeterle_
28 99987 0057

Um professor emocionalmente preparado trasforma vidas

"O menino que consertou o mundo

Um cientista vivia preocupado com os problemas do mundo e passava seus dias em seu laboratório em busca de alguma solução. Certo dia, seu filho de sete anos invadiu a sua sala decidido a ajudá-lo.

Vendo que seria impossível fazer seu filho mudar de ideia, o pai procurou algo que pudesse distrair-lhe a atenção. Até que se deparou com o mapa do mundo. Com o auxílio de uma tesoura, recortou-o em vários pedaços e, com um rolo de fita adesiva, entregou ao filho:

— Vou lhe dar o mundo para consertar. Veja se consegue. Faça tudo sozinho.

Pensou que, assim, estava se livrando do garoto, pois ele não conhecia a geografia do planeta e certamente levaria dias para montar o quebra-cabeças.

Mas, para surpresa do pai, uma hora depois, volta a criança:

— Pai, pai, já fiz tudo. Consegui terminar tudinho!

Para surpresa do pai, o mapa estava completo. Todos os pedaços haviam sido colocados nos devidos lugares. Como seria possível? Como o menino havia sido capaz?

Espantado, o homem perguntou ao filho:

— Você não sabia como era o mundo, meu filho. Como você conseguiu? E o menino respondeu:

— Pai, eu não sabia como era o mundo, mas eu vi que do outro lado do papel havia a figura de um homem. Quando você me deu o mundo para consertar, eu não consegui. Foi aí que me lembrei do homem, virei os recortes e comecei a consertar. Quando consegui consertar o homem, virei a folha e descobri que havia consertado o mundo."

(Autor não identificado)

Quantas oportunidades de consertar o mundo não passam por suas preciosas mãos no encontro diário com seus alunos, não é mesmo, professor?

Mas para que ocorram verdadeiras transformações, primeiro ela precisa acontecer em você. Pessoas feridas ferem pessoas, pessoas transformadas transformam pessoas.

E é por você que vamos começar. Ainda pequenino, frágil e necessitado de amor. Amor esse que pode consertar o homem e que tem a capacidade de consertar o mundo.

É importante que, a partir daqui, você mergulhe na sua história, na criança e no adolescente que foi, entendendo que, ao nascer, todos somos empáticos, bons, generosos, respeitosos, ousados, curiosos, criativos, empolgados, felizes e se questionando: onde todas essas características foram parar que não consigo mais reconhecê-las em mim? Para onde foi essa criança ousada, curiosa, empolgada e feliz?

A partir dessas linhas, será possível explicar o porquê de determinados comportamentos, sentimentos e ações como: explosões de raiva em sala de aula, respostas reativas, desânimo, insegurança, insatisfação, sensação de incapacidade, medo, dependência afetiva, relacionamentos tóxicos, baixa estima, medos, fobias, compulsões, distúrbios alimentares, vícios, ciúmes, padrões de comportamento nocivos, necessidade de controle, impulsão e muito mais.

A resposta está justamente em compreender como você foi conduzido por sua infância e como se sentiu diante do que te aconteceu.

Vamos lá?

A criança interior é seu lar emocional

É importante que você saiba que não existe infância sem feridas. Todos nós, em maior ou menor grau, temos um lar emocional ferido, onde reside nossa criança interior. Toda infância deixa suas marcas e vazios emocionais e não temos como mudar isso.

Mas, afinal de contas, o que é Lar Emocional? Lar emocional é o espaço entre o que você precisou e o que recebeu de seus pais, professores e cuidadores. É onde reside como você se sentiu e o que percebeu daquilo que lhe aconteceu. É onde moram suas reações, seu lado mais obscuro, seus medos, angústias e incertezas.

O adulto que você é hoje, as relações que busca, seu estilo de vida, a forma como reage e percebe o que lhe acontece, depende diretamente desse lar emocional.

Olhar para o seu lar emocional ferido é dar voz à sua criança carente e resgatá-la com carinho, olhando para suas dores com a postura e a consciência de um adulto que assume a responsabilidade de sua vida e de sua felicidade, o que vai lhe permitir viver na harmonia, segurança, leveza, felicidade e paz que merece. Além de colher os frutos desse novo relacionamento com você mesmo e sua história diretamente no relacionamento com seus alunos.

O recomeço

Sabemos que não podemos voltar no tempo, mas podemos mudar hoje e recontar a nossa história.

O ponto de partida para recomeçar a partir daqui é buscar sensatez e maturidade no adulto que você é, saindo do ponto de vista cego da criança ferida que aí habita.

Para isso, precisará de desejo, precisará abandonar o que sabe, alguns preconceitos, algumas crenças, alguns rancores e mágoas, e estar consciente todos os dias que se fazer feliz é a sua mais nova missão, para resgatar finalmente aquela criança vibrante que vive em você, exatamente como veio ao mundo. O mais importante não é o que aconteceu com você, mas como se sentiu quando criança e como isso continua a afeta-lo até hoje.

Autocuidado e autoconhecimento como caminho de reconexão consigo mesmo

Saber quem você é: seus dons, seus pontos fortes, seus talentos, seus valores, o conjunto de habilidades e características que lhe permitem ser alguém único e especial é a base, a chave central, a primeira ação consciente na direção de se resgatar o ser essencial que existe aí dentro.

E para isso precisa se conhecer, estudar sobre você, aprimorar-se a respeito de quem é.

Tenho certeza de que este livro será um presente, um lindo tesouro para esse processo e essas descobertas. E que seja o primeiro passo de muitos. A consciência sobre sua pessoa deverá ser uma busca eterna. Lembre-se: ela é parte fundamental da sua cura. Parte fundamental de encontrar as chaves que o impedem de ser finalmente como você deseja e merece ser.

A segunda ação é se cuidar diariamente.

Autocuidado não é tempo para você: é sobre você. É complemento para o autoconhecimento. É viver seus valores, viver todos os dias o que o alegra, o encanta, o agrada, o satisfaz no mais íntimo. É saber o que verdadeiramente você gosta e ama fazer: física, espiritual, emocional e mentalmente.

É cuidar de você para cuidar do outro.

Mudar o sentir leva tempo, dói, demanda esforço. Mudar o agir pode ser hoje. E é um ato de amor-próprio e o princípio para a verdadeira cura.

Os 10 passos para a reconstrução

Durante muitos anos, ao longo de sua infância e adolescência, sua voz foi silenciada. Agora, adulto e maduro, é hora de fazer o caminho de volta. O caminho que o recoloca de volta em contato com quem é, que lhe permite reencontrar com sua essência e descobrir o porquê e para que está aqui.

Esse será um encontro, talvez um tanto desconfortável e até doloroso, com sua história.

Mas não se acanhe. Peguemos o exemplo da borboleta que para voar e bater asas, sendo livre para alcançar o que desejar, passa por uma íntima metamorfose.

As próximas linhas serão a sua metamorfose. As chaves da liberdade para que finalmente seja e sinta como deseja e merece. Em sua vida pessoal e em sua missão ao lecionar.

Sugiro que você tome posse de um caderninho, ou de um simples papel e uma caneta, para suas anotações e reflexões sobre as próximas linhas (Retirado do ebook: *10 Pasos para sanar la herida primaria,* de Yvonne Laborda, 2021).

Passo 01: tomar consciência da sua infância para poder proteger e cuidar de seus alunos

O que aconteceu quando criança afeta e interfere em quem é como adulto.

Para mudar o que está acontecendo hoje, é necessário compreender o que aconteceu e o que foi necessário anestesiar e reprimir quando pequeno.

Tomar consciência é cura.

Algumas perguntas que podem ajudar nessa tomada de consciência. O que eu precisei, mas faltou?

Eu me sentia acolhido, ouvido, protegido por meus pais e professores?

O que eu posso fazer hoje, pelas crianças e adolescentes que são meus alunos, que eu gostaria que tivessem feito por mim quando eu mesmo era uma criança ou um adolescente?

Passo 02: dê nome aos fatos e às suas emoções

Quando pequeno, você só precisava de amor. Todo comportamento, por mais desafiador que tenha sido, era uma resposta ao que você precisava e talvez não estivesse recebendo.

Sua identidade foi construída a partir do que foi nomeado em sua infância. O que sua mãe dizia, o que seu pai dizia, o que seus professores diziam?

Tente se recordar do que você ouvia sobre si mesmo e de como se sentia nesses momentos.

Não olhe para o motivo de ouvir isso, mas somente para o que era dito e para suas emoções verdadeiras ao escutar.

Por fim, escreva: "eu cuidarei com responsabilidade do que falo aos meus alunos. Dos rótulos por meio de palavras que aprisionam. Entenderei que são somente crianças e adolescentes que desejam e precisam ser amados e que, por intermédio desse amor que destinarei a eles, estarei amando e cuidando da criança que fui um dia".

Passo 03: aceite, não negue e não minimize o que aconteceu

Olhe para os seus sentimentos e reconheça o que aconteceu. Não negue.

Aceite que não recebeu o que precisou, que suas necessidades não foram atendidas intimamente. Aceite e reconheça que você não foi amado como precisava.

Esse é o momento de reconhecer que os pais não são heróis. Reconheça e aceite que não são perfeitos e que aí pode ter ficado uma ferida de abandono.

Passo 04: valide suas emoções e necessidades

Dê razão à criança que existe dentro de você.

Escreva tudo o que sentia, tudo que faltou, sem buscar razões para ter sido assim, e diga a si mesmo: "Você tinha total razão de sentir o que sentiu".

Esse é o passo que falta para a sua criança interior confiar no adulto que é agora. Confie que o adulto que você se tornou, pois está no controle, está cuidando dela.

Talvez nesse momento você esteja percebendo que será difícil conseguir olhar para tudo isso sozinho. Não hesite em pedir ajuda. Se precisar, busque um aliado de apoio para superar seu abandono emocional.

Passo 05: reveja o grau de solidão

O que causa o trauma não é o que aconteceu, mas o quão sozinho se sentiu diante do que aconteceu. Olhe para o quão sozinho se sentiu na sua infância.

Relembre todas as vezes que não teve com quem contar, com quem ampará-lo, com quem abraçá-lo, com quem tirá-lo da dor, da solidão. O que você fazia quando apanhava? Como se sentia quando era rejeitado? Como se sentia quando não era visto?

O mais profundo sentimento de dor é a solidão. Quando não nos sentimos amados por nossos pais, sentimos como se não merecêssemos seu amor, seu olhar e sua presença.

Talvez hoje você tenha dificuldade em pedir ajuda, em manter relações, em fazer amigos, ter em quem confiar e recorrer. Todo esse movimento vem de não ter se sentido importante quando criança, de não ter sentido a proteção da mamãe e a coragem de enfrentar o mundo que vem do papai.

Mas agora você cresceu e pode se dar o que precisou. Essa é a melhor recordação para a cura. Reviver essa solidão para agora se curar. Vai doer, mas vai libertar.

Passo 06: *nosso sentimento de culpa ou remorso*

A criança se sente culpada por tudo que lhe acontece. Ajude a sua criança a ver e sentir que nada era responsabilidade dela e que não havia nada que ele ou ela pudesse ter feito para que fosse diferente. A criança é **sempre** vítima, **nunca** culpada ou responsável.

Quanto pior fomos tratados, pior achamos que éramos.

Escreva agora nas suas anotações: "Eu não era culpado de nada. Eu era somente uma criança que pedia amor".

Passo 07: *permita-se sentir raiva e ódio*

Esse é o momento que você está livre para sentir raiva do que aconteceu: raiva dos seus pais. Você era somente uma criança desejando ser vista.

Sinta toda raiva que você sentia por não se sentir amado. Sinta raiva de ter ficado sozinho. Sinta raiva por ter pensado em abandonar sua vida. Sinta raiva quando teve que esconder suas angústias. Sinta raiva por tudo, por ter que esconder, calar e silenciar tudo o que sentiu.

Quanto mais você explode hoje, mais raiva reprimida existe aí dentro. Ponha agora tudo para fora.

Dos seus pais, você não precisa apoiar tudo, precisa honrar. E honrar é continuar, seguir, transformar o que aconteceu e ressignificar sua história.

Passo 08: *sinta a tristeza por tudo o que lhe aconteceu*

Agora que sabemos tudo o que aconteceu e sentimos tudo o que faltou, geralmente vem um sentimento profundo de tristeza por tudo o que gostaríamos que fosse diferente.

Tomar consciência dói, fere, dilacera o coração da criança que fomos. Permita-se sentir. A intenção destas linhas é ajudá-lo a escolher como agir a partir daqui. A sensação às vezes é de não poder fazer mais nada, mas você pode. É sempre tempo. É sempre possível.

Sentir a sua dor, o seu desespero e sobretudo a sua solidão de criança vai ajudá-lo a curar-se. Permitir sentir será a chave para deixar de se manifestar de forma nociva com gritos, raiva, depressão, tristeza, controle, medo, inseguranças e dúvidas de tudo o que ficou encoberto até aqui.

Todas as vezes que estiver: sem energia, sem vontade, sem coragem, sem ânimo, sem tesão pela vida, no automático, é um sinal de que você ainda está precisando de cura. Ainda está tendo gatilhos dessa infância ferida que precisa ser vista.

E essa cura vai permitir não julgar a mãe que for conversar com você, a criança ou o adolescente que estiverem à sua frente, que só precisam sentir a potência de amor por sua parte.

Passo 09: a transformação e a responsabilidade

> *Quando assumimos a responsabilidade por nossa criança interior e assumimos o controle de tudo o que sabemos e sentimos sobre ela, então podemos começar o processo de transformação e mudança.*
> YVONNE LABORDA

A partir de agora, você é responsável pela sua criança e dará a ela tudo o que ela precisou.

Agora que você sabe o que aconteceu, por que se sente assim. A pergunta é: o que vai fazer a respeito?

Todas as vezes que você der a uma criança ou um adolescente o amor, a atenção, a voz que gostaria de ter recebido, está mais próximo de curar a sua criança.

Passo 10: entenda a realidade de seus pais

Entender essa realidade não é perdoar, justificar o que fizeram ou defendê-los. É olhar para suas vivências com respeito.

Sim, existem fatos que não podemos perdoar. Esse é o seu sentir e está tudo bem ser assim. Esse é o momento de simplesmente honrar os seus pais pelo maior presente que você recebeu: a vida.

Esse passo só será feito quando sentir que já está no caminho da cura.

Aqui é para você entender que eles não deram porque não puderam. Eles não optaram por não dar ou por ser assim. Não tem nada a ver com você. Tem a ver com a história de vida e as vivências deles.

Talvez eles tenham dado tudo que tinham para dar. Tudo que puderam dar. Mas você não foi responsável pelo que te fizeram, pelo que te aconteceu. Você era criança e foi vítima.

Esse passo é para olhar seus pais com gratidão por sua vida e honrá-los, seguindo livre e feliz a partir daqui.

Um exercício para fechar toda essa reflexão:

- Escreva uma carta com a sua mão não dominante para o adulto (você) dizendo tudo que você sentiu, o quanto doeu, o quanto foi triste, o quanto se sentiu abandonado quando criança;
- Escreva uma carta para sua criança, dizendo a ela como tem orgulho dela, quanto tem amor por ela. Agradeça tudo o que ela aguentou, suportou, agradeça tudo que vocês se tornaram a partir de tudo que aconteceu.

Você pode rasgar as cartas, queimar ou guardar. O importante é sentir que a partir daqui começou o processo de cura.

Curar sua criança interior não é apagar, é seguir.

Sua visão irá se tornar clara somente quando você puder olhar para o seu próprio coração. Quem olha para fora, sonha. Quem olha para dentro, desperta.
CARL C. JUNG

Referências

BARBOSA, E. *O menino que conquistou o mundo*. Cafécomadm, 2016. Disponível em: <https://administradores.com.br/artigos/o-menino-que-consertou-o-mundo>. Acesso em: 10 jun. de 2021.

FERNANDES M. *Nossa criança interior e sua influência em nosso "eu" adulto*. Psicologiaviva, 2021. Disponível em: <https://blog.psicologiaviva.com.br/nossa-crianca-interior-e-sua-influencia-em-nosso-eu-adulto/>. Acesso em: fev. de 2021.

GUTMAN L. *Uma civilização centrada na criança: como uma criança amorosa pode revolucionar o mundo*. Rio de Janeiro: BestSeller, 2021, pp. 16,17,18,21,23 e 25.

JUUL G. *Sua criança competente: educação para a nova família*, São paulo: Novo Século, 2002, pp. 89 a 110.

PROSSEGUIR, *Os primeiros 10 passos para a cura da criança interior e como prosseguir?*. Lecture. Comunidade Pulsar. Online. Fevereiro 2021.

16

A RELAÇÃO PROFESSOR E FAMÍLIA PARA O SUCESSO PEDAGÓGICO E EMOCIONAL DO DOCENTE

Neste capítulo, abordarei sobre a necessidade da parceria entre escola e família, essa conectividade em busca de aprendizagem significativa para o sucesso do professor e do aluno. Vou compartilhar minhas experiências como mantenedora e diretora de escola, trazendo dicas práticas para o professor fazer a diferença na sua jornada e para os pais se tornarem empoderados na desafiante caminhada da educação dos seus filhos. O diálogo é fundamental nessa parceria, criando vínculos seguros para o desenvolvimento sadio da criança. Quando o professor tem o apoio da família, o seu trabalho torna-se mais seguro e produtivo, ele se sente amparado para ser um professor extraordinário. Ouse, construa histórias diferentes, o mundo o convida a viver intensamente cada momento, e não apenas a existir.

LIGIA SOUZA

Ligia Souza

Mantenedora e diretora do Centro de Educação Infantil e Ensino Fundamental Novos Caminhos, moradora em Jundiaí, SP. Pedagoga com habilitação em Administração Escolar e psicopedagoga com especialização em Clínica e Institucional. Atuando há 23 anos na área da educação e vários cursos compõem sua jornada: Gestão Escolar, Criatividade para Educadores, Educação Especial e Inclusiva, Letra e Vida, Pró-letramento, Tecnologias na Educação, Prevenção ao *Bullying* Escolar, Especialista em Equipes Docentes de Alta *Performance*. Foram várias jornadas da Educação, palestras, seminários e simpósios ao longo desses anos.

Contatos
www.escolanovoscaminhosjundiai.com.br
cei_novoscaminhos@ig.com.br
Instagram: @escolanovoscaminhosjundiai
11 91121 0440

> Educar é acreditar na vida.
> Educar é ter esperança no futuro.
> É semear com sabedoria e colher com paciência.

Cecília, uma professora formada no Ensino Médio com habilitação em Magistério, curso superior em Pedagogia, disposta fazer a diferença na vida de seus alunos, com um dom que pulsa dentro do peito, encara diariamente a dificuldade de tornar os pais parceiros na sua caminhada para o sucesso educacional de seus alunos.

Entre a rotina de sala de aula e diversas tentativas de conectar-se com os pais de seus alunos, a frustração torna-se presente.

Uma proposta maravilhosa, um projeto sobre animais, ela trabalha durante o mês com a turma, diversas atividades significativas, os alunos envolvidos e, para finalizar o projeto, solicita pela agenda que os pais enviem materiais reciclados (caixinhas vazias, tampinhas, entre outros).

Na última sexta-feira do mês, a prof.ª Cê chega na escola ansiosa para finalizar o projeto com uma linda atividade lúdica, mas para sua decepção, quatro alunos da turma não trouxeram os materiais solicitados na semana anterior.

A professora não desiste, inicia uma busca de materiais pela escola que poderiam ser usados pelos alunos que não trouxeram. E assim ela consegue realizar a proposta com sucesso e todos os alunos envolvidos e felizes com o resultado.

Retorna para casa no final do dia, pensativa na sua missão e um pouco triste por não conseguir o envolvimento de todos os pais em seu projeto.

Essa situação de solicitar algum material, uma foto da família, recorte de figuras para uma atividade é corriqueira na sala de aula da prof.ª Cê e frequentemente não ocorria o envolvimento integral da equipe de pais.

Ao longo da sua jornada na educação, essas pequenas frustrações faziam com que ela repensasse seu papel, suas expectativas e seu propósito para fazer a diferença na vida de cada aluno e para se sentir realizada.

Foram várias estratégias, trabalho diário, envolvimento e perseverança para alcançar objetivos desejados.

Assim como a prof.ª Cecília conseguiu buscar e entender como alcançar a vida sonhada, ter qualidade de vida e saúde emocional, você também é capaz. Embarque comigo nesta leitura, na qual trilharei novos olhares para você conseguir conectar-se com os pais de seus alunos e assim tornar-se um professor extraordinário.

A educação das crianças é construída com base em dois pilares fundamentais: família e escola. Essas duas instituições, ao trabalharem em conjunto, conseguem transmitir à criança bases sólidas de caráter e conhecimento que farão dela um adulto responsável com os valores bem estruturados e com um futuro brilhante pela frente.

É fundamental mostrar à família a importância do seu papel na educação dos filhos e ajudá-la nessa tarefa.

O diálogo e a orientação são primordiais na relação família e escola para obter bons resultados.

A educação familiar é importante, pois é onde se aprendem crenças e valores. E na escola ocorre a aprendizagem, a convivência coletiva e onde o aluno aplicará valores aprendidos em casa.

Os valores mudaram ao longo dos anos, estão se perdendo. Mas não devem ficar na história, é importante você, professor, resgatá-los e, com as famílias, trabalhar com os alunos, colocar em prática. Fazer uso deles é um desafio, porém possível, garanto.

A escola é, portanto, o ambiente para o desenvolvimento não apenas intelectual, como também social, físico, emocional e cultural. Não dá para instruir sem educar.

Às vezes, encontrará famílias com dificuldades de transmitir a educação de valores. Você pode criar oportunidades para discutir com os pais como lidar com isso dentro de casa, refletindo juntos. É importante ouvir os pais e oferecer sugestões.

O essencial é criar um ambiente acolhedor, compreender a realidade dos pais, evitando julgamentos, gerando combinados que poderão ser cumpridos por todos durante o ano letivo.

Lembre-se sempre, professor: quando o aluno e os pais se sentem acolhidos e pertencentes, criam relações saudáveis com você.

Uma boa relação entre professor e as famílias pode trazer diversos benefícios. O principal deles é um maior fortalecimento de uma parceria em prol de uma educação completa e eficiente dos alunos. E a comunicação tem um impacto grande nessa relação.

A comunicação com a família precisa ter clareza e precisão. Ser objetiva, manter um relacionamento próximo é essencial para fazer com que os responsáveis estejam presentes no processo educativo do aluno e conscientes de todas as iniciativas da escola para garantir um ensino de qualidade.

Um dos grandes desafios da comunicação é o tempo. Estou falando de uma geração de pais atarefados, com pouco tempo para ir até a escola ou acompanhar a rotina escolar do filho.

Nesse sentido, a tecnologia é uma grande aliada para fortalecer a comunicação com as famílias, de maneira prática e rápida.

Professor, é tão poderoso ouvir os pais. Muitas vezes eles precisam apenas desabafar com você sobre os desafios educacionais que eles passam em casa.

Uma boa comunicação de mão dupla entre família e escola é necessária para o sucesso dos seus alunos.

Quanto mais você compartilha informações relevantes sobre o aluno, mais capacitados os pais estarão para ajudá-los a alcançar um melhor aproveitamento escolar.

Pense nessa conectividade!

Seguem algumas dicas para você, professor, aumentar o envolvimento e construir uma relação produtiva com as famílias:

- Acolha os pais desde o início do ano com reuniões, que eles se sintam bem, que percebam que você quer parceria. Sua fala precisa ser clara e objetiva;
- Reforce sempre a importância do envolvimento dos pais com a aprendizagem dos seus filhos. Convide-os para participar, ajudar nos eventos da escola. Isso fará com que se aproximem do ambiente escolar;
- Compartilhe sempre um recado positivo, um *feedback*, um elogio sobre o desenvolvimento do filho, algo que se destacou. Pode ser uma foto, uma frase. É importante apresentar o que o aluno está aprendendo. Não espere somente as reuniões de pais;
- Proponha atividades que tenha a participação dos pais. Engaje a família com o ensino, para que ela tenha um papel ativo. Como, por exemplo: confeccionar maquetes, gravar um vídeo, preparar uma receita;
- Valorize o diálogo com os pais, avós, irmãos. Conhecendo as histórias, poderá compreender melhor seus alunos e assim direcionar o trabalho para alcançar resultados positivos e experiências significativas de aprendizagem.

É importante criar um ambiente onde todas as famílias se sintam abraçadas pela escola. E todos ganharão com isso, os alunos sentirão mais confiança ao perceber que a família acompanha cada passo da jornada escolar, os pais estarão presentes diariamente na evolução do filho e você, professor, não se sentirá desamparado e sozinho.

Seguem algumas dicas para que os pais possam contribuir com você, professor:

- Participar ativamente dos deveres de casa, dos projetos e trabalhos propostos pelo professor. Gerencie o tempo, a criança quer apoio, atenção e a presença dos pais;
- Conversar com o filho sobre o quanto o professor é importante para seu desenvolvimento na aprendizagem, que ele é o mediador da aprendizagem. Respeito e colaboração devem existir sempre;
- Colocar limites, regras, mas sempre deixe claro o afeto, o amor e o carinho. Conversar olho no olho, assim a criança aprende a viver a empatia. Tenha consciência de que educar é penetrar um no mundo do outro;
- Permitir que a criança erre, se frustre. O importante é que os pais vivam ao lado dela e não por ela. Contar suas histórias, tenha ousadia de contar sobre suas dificuldades, seus sonhos, isso torna-se inesquecível, cria vínculos e define a qualidade da relação;
- Os valores no ambiente familiar devem ser mais que conceitos, devem ser atitudes. Talvez pela escassez do que verdadeiramente é importante nas relações humanas, estejam virtualizando os valores. É necessário dar sentido a eles.

Os filhos não precisam de pais gigantes, mas de seres humanos que falem a sua linguagem e sejam capazes de penetrar-lhes o coração.

Para finalizar, gostaria que refletisse sobre qual é sua missão, seu propósito.

O que te move, professor?

A simplicidade deve e tem que estar em suas palavras no dia a dia, principalmente em suas ações.

Queira fazer a diferença para seu aluno. Tenha um propósito na sua vida e para a vida deles, pois sem propósito não se vive, você apenas existe.

Saber o que te move faz grande diferença para enfrentar os desafios neste novo tempo. Mover para agir, sem ficar à espera de que os outros façam por você.

Aproveite cada experiência vivida, ela pode ser dividida e pode impactar a vida do outro de forma positiva.

Tornar possível a ação da mudança, ter atitude de transformação, empreendendo e protagonizando novos caminhos e alternativas de renovação.

Ter uma visão de futuro com essência de movimento, sem estagnar a existência, sem parar no tempo e ficar à deriva do acaso ou do conformismo que nos aprisiona com a mesmice.

O que me move é o que me inspira, o que me desperta para novas possibilidades, e pelo poder de escolher e a disposição de enfrentar as adversidades da vida. E para você?

Paulo Freire dizia: *Sem a curiosidade que me move, que me inquieta, que me insere na busca, não aprendo nem ensino.*

Agradeço você, professor, por fazer a diferença na sua jornada e a todos que se movimentam para fazer do mundo um lugar melhor para se viver.

Referências

CHALITA, Gabriel. *Educação: a solução está no afeto*. 8. ed. São Paulo: Gente, 2001.

CURY, Augusto. *Pais brilhantes, professores fascinantes*. Rio de Janeiro: Sextante, 2006.

17

A FORÇA DA VULNERABILIDADE DOS PROFESSORES EXTRAORDINÁRIOS

Este capítulo visa fornecer ferramentas práticas ao educador relacionadas à importância da vulnerabilidade no âmbito escolar, aplicada também à vida privada, permeando conceitos como autocuidado e autoconhecimento para que desempenhemos o nosso papel com consciência. Ser um professor extraordinário vai além de conteúdos técnicos, prazos e agendas. O poder dessa missão está relacionado à qualidade da nossa saúde mental e como a gerenciamos.

LÍLIA CALDAS

Lília Caldas

Educadora infantil certificada em *Early Childhood Education* na Austrália. Educadora parental na abordagem Parentalidade Consciente, com certificação pela Positive Discipline Association. Certificada no curso *First Nations' Perspectives For Teaching and Learning* pela Queensland University of Technology. Apaixonada por desenvolvimento humano. Pesquisadora em sexualidade infantil e prevenção ao abuso. Vive há mais de 10 anos em Brisbane, Austrália, onde atua em creches e escolas vivenciando a educação local.

Contatos
liliacaldas.education@gmail.com
Instagram: @liliacaldasoficial
+61 447 689 362

> *Vulnerabilidade não é fraqueza; é a incerteza, os riscos e a exposição emocional que enfrentamos todos os dias e que não são opcionais. Nossa única escolha tem a ver com o compromisso. A vontade de assumir os riscos e de se comprometer com a nossa vulnerabilidade determina o alcance de nossa coragem e a clareza de seu propósito.*
> BRENÉ BROWN

Educar para mim é uma forma de autoeducação. Lidar com vidas pequenas, em aprendizado abundante, vulneráveis em seu desconhecimento é também uma maneira de olhar para o ser humano integral, que vai construindo sua grandeza pela sua pequeneza e no meio do caminho pode fazer o trajeto contrário, sem perceber. De grande, volta a ser pequeno, não no conceito poético, e sim de maneira tacanha.

Ensinar está ligado à minha história de vida, pois há dez anos, sonhando em formar uma família, ter filhos e mudar de vida, embarquei no sonho do meu esposo de ir para a Austrália, um país muito distante, com outra cultura, outra língua e o infinito oceano entre o que eu conhecia e o que eu viria a conhecer. Levamos o Thor, nosso cachorro de estimação, da raça Weimaraner. E apesar de todo carinho e cuidados, só viveu na Oceania por meros cinco meses, vindo a morrer de câncer, depois de um período de grande sofrimento que abalou a nós dois de forma intensa.

A dor da perda foi amenizada pelo sonho de ter filhos e a busca por tratamento em Brisbane, onde morávamos. O processo, os exames, as consultas, tudo isso era ao mesmo tempo doloroso e acalentador. Na clínica onde faríamos a *Fertilização in Vitro*, a médica deixou clara a preocupação com a minha idade e com a qualidade dos óvulos, uma vez que já nascemos com eles e ao longo da vida vamos perdendo a cada período menstrual, o que pode tornar inviável um planejamento familiar tardio. Embora todos levem a mulher a crer que pode pensar em carreira primeiro, esse fator biológico é imutável e pode passar despercebido.

Com praticidade, a Dra. Charlotte, responsável por nosso tratamento, ao mencionar a reserva ovariana extremamente baixa, sugeriu doação de material genético, a ovodoação. A decepção, o choque, a dor e toda a emoção da proposta me fizeram chorar compulsivamente ao encarar uma grande vulnerabilidade. Decidimos por tentar com nosso próprio material genético e assim iniciamos um ciclo de sete anos, seis tentativas laboratoriais e nenhum sucesso. Era preciso encarar a realidade de que minha fertilidade tinha chegado ao fim e viver agora com um luto doloroso.

Abracei a minha dor e me permiti ser totalmente vulnerável. Procurei ajuda profissional de um psicólogo e o apoio de uma comunidade cristã. Alicerçar-me na minha fé foi fundamental para o meu bem-estar e por isso o encorajo a não se isolar e buscar por ajuda. Isso dará ferramentas para o autoconhecimento, além de oportunidade ao outro de te conhecer. A vulnerabilidade é uma grande aliada no processo de lutas, mas cuidado com a falta de limites, pois ela nos leva à falta de empatia, desconexão e desconfiança.

Estar perto de crianças era minha maior alegria e de certa forma revisitava o passado em que encontrava, ainda pequena, suporte e acolhimento de meus mestres na escola. O evitar crianças deu lugar à empatia maternal com esses pequenos ansiosos por amor e aceitação. E ainda que lutasse com uma depressão insistente, via em minha própria história a chave para tornar a infância dos meus alunos um lugar memorável em suas lembranças, assim como grandes professores fizeram comigo.

Precisei encarar o fato de que nossa sociedade, movida por cobrança de desempenho, de produtividade alucinada, adoecia não só nos adultos, mas contaminava toda a infância com noções pérfidas de escassez, do medo do julgamento, de não ser ou fazer o suficiente para se aprovado, aplaudido, amado, aceito. Resolvi transformar minha dor de não poder ser mãe numa missão maior de maternar meus alunos, olhando pelo currículo para aquelas vidas em formação.

Segundo a escritora Brené Brown, a vulnerabilidade é o centro da vergonha, da desconexão, do medo e da nossa busca por merecimento. O que sustenta a vergonha é o senso de "não sou o suficiente" e isso promove muito desconforto e dor. Quando tentamos negar e anestesiar esses sentimentos pesados, também anestesiamos a alegria, a gratidão, a criatividade, o amor, a plenitude e a felicidade. Então, ficamos infelizes procurando propósito e sentido na vida e isso tudo nos torna vulneráveis buscando estratégias ineficientes para esconder esse sentimento pesado. Tornamos tudo que é incerto em certo, nos tornando donos da razão, repetindo ciclos danosos, inclusive com nossos alunos.

Querido docente, por acaso você deseja ser vulnerável em algum contexto ou área da sua vida? Mesmo que você esteja alinhado aos seus valores e princípios? Como você se sente imaginando esse cenário? Provavelmente dirá que não, vai me relatar um grande desconforto e, até mesmo, quem sabe, uma sensação de pânico, não é? Pois saiba que mergulhar nesse rio e beber dessa fonte chamada vulnerabilidade vai levá-lo a outro nível de consciência e a desenvolver a capacidade da autovalorização, autoamor, autoconhecimento, reciprocidade, autoconfiança e equilíbrio em todas as áreas da sua vida. Não desperdice essa riquíssima oportunidade, pois ser vulnerável impactará positivamente na sua saúde mental, emocional e também a desempenhar o seu ofício com excelência.

De acordo com a psicoterapeuta Laura Gutman, não existe algo mais importante do que a nossa própria vida. No entanto, há um senso de propósito em nossa existência. Ser refém dos nossos medos nos impede de oferecer nossos talentos e servir ao próximo e por isso mesmo temos que identificá-los para que não nos paralisem.

A cultura da escassez, mencionada anteriormente, é também outro problema que está presente na nossa vida, distorcendo a nossa autopercepção e afetando as nossas relações de uma forma geral. Esse sentimento de escassez revela falta, privação, vergonha, humilhação e estão alicerçados na comparação, promovendo muita desmotivação. Cuidado com essa armadilha de que temos que ser fortes o tempo todo. O oposto de viver na escassez não é cultivar o excesso e sim ser o suficiente. E se você nem sempre se lembra, leia aqui: você, docente, é suficiente.

Como professores, precisamos entender que não somos perfeitos e impermeáveis, mas humanos e conectados por nossas fragilidades. E ao enxergar isso, temos a chance de transformar a vivência de nossos alunos em sala de aula numa aventura de autodescobrimento e aceitação. Entendemos nossa responsabilidade no processo, nas perdas e erros e nos comprometemos em melhorar, em buscar ajuda e se interdepender. Nas críticas que recebemos, seja em nossa postura ou desempenho, precisamos avaliar a validade da reprovação, aceitar o que nos cabe e impor o limite do respeito. Próprio, inclusive. Saber-se suficiente não o torna prepotente, mas também não o leva ao fundo da autodepreciação.

Quando ignoramos o nosso mal-estar e dores emocionais, as colocamos no campo da invisibilidade e essa invisibilidade reforça e perpetua o abandono que sofremos. Dito isso, o encorajo a olhar para a sua criança interior, acolhê-la e enxergar o quão forte ela é. Quando agimos dessa forma, saímos da posição de vítima e passamos a ser autorresponsáveis e protagonistas da própria história, vendo os problemas sob outra perspectiva e aptos a buscarmos soluções. A vida fica mais leve e as relações com nossos colegas de profissão se tornam mais produtivas e saudáveis.

No entanto, não estamos aptos a fazer isso num mecanismo adoecido que trata a todos como ratos de laboratório, empenhados e deixar a roda sempre girando sem saber ao certo o propósito de tudo. Nosso modo de agir, todos os dias, precisa sair do automático e gostaria que pensasse agora no seu cotidiano docente. Você também já esteve em situações de vulnerabilidade e pensou em desistir da sua docência e da sua missão? Você sabe o que é a vulnerabilidade e o poder que ela tem? Você convive com gente que está sempre culpando e destratando o outro na sua vida profissional? Deixe-me contar: culpar é uma forma de descarregar a dor ou desconforto, é preciso dizer que você não tem que receber o que não é seu, a menos que realmente tenha a responsabilidade em algo e que precisa ser resolvido.

Imagine uma cena corriqueira no ambiente escolar: você propõe uma ideia numa reunião pedagógica, expõe suas opiniões e elas não são celebradas, na verdade são desconsideradas, por exemplo. Como você se sente? Encara isso bem ou alimenta seu sentimento de rejeição? A forma de reagir tem relação direta com as marcas da nossa infância e psicólogos afirmam que todos nós temos uma criança interior ferida que foi abandonada e rejeitada. Situações de conflitos no ambiente de trabalho são ótimas oportunidades para resgatarmos o olhar para a nossa criança interior. É fundamental nos incluirmos nesse processo para aprender a identificar e reconhecer nossas necessidades.

Costumamos ser os maiores críticos de nós mesmos e estamos sempre nos cobrando e, com isso, não priorizando tempo para nós mesmos. Nossos esforços e comprometimento com a nossa profissão é tão grande que muitas vezes perdemos a mão quanto ao nosso autocuidado. Você já parou para pensar como vai a sua vida pessoal e profissional? Elas estão em equilíbrio? Como você avaliaria o seu atual estado de saúde mental?

Gostaria que você parasse um pouco essa leitura e procurasse refletir sobre como anda a sua vida. Faça uma retrospectiva.

Como anda o seu autocuidado e há quanto tempo você não tira um tempo para si mesmo?

Você tem reservado um tempo para curtir a companhia das pessoas que ama?

Faça uma lista das coisas de que você mais gosta e as faça com frequência.

Nos dias pesados, se abrace.

Priorize tempo para fazer o que você ama.

Cultive o bom humor, uma vez que o psicanalista Christian Dunker diz ser ele uma modalidade em que compartilhamos sentimentos, emoções e afetos que condicionam a maneira como encaramos a vida.

Faça bilhetes para si mesmo com mensagens encorajadoras e os coloque em lugares de fácil acesso. Eles funcionarão como um abraço e o auxiliarão em dias difíceis.

Queridos docentes, falar sobre minha vulnerabilidade aqui com vocês também foi desafiador. Contar da minha incapacidade de gerar, da dor e angústia em tentar ser mãe e com isso me esgotar financeira e emocionalmente não é uma tarefa fácil. Como cristã, busquei em Deus a base para me apoiar e a partir das minhas vivências, decidi, como missão de vida, cuidar de crianças. A orientação do meu médico no Brasil também foi muito importante nesse processo.

Busque o que faz sentido para você, e ao se abraçar, ao se acolher, acolher junto os alunos sob seus cuidados. Suas vulnerabilidades podem ser a chave de um ensino extraordinário, mais humano e aplicado a essa linda vocação. Com certeza, você encontrará os seus pontos de melhoria. Vamos nos permitir vivenciar a escassez sem preconceito e críticas.

E para concluir este capítulo, convido-o a olhar para si mesmo, seu aluno e os colegas de trabalho como seres conectados. Essa experiência, ao mesmo tempo que reforça sua capacidade de empatia, o incentiva a ir além das falhas naturais do nosso processo. Não se deixe sucumbir. Você não está sozinho nessa jornada. Sinta o meu abraço solidário e continue exercendo essa nobre missão e deixando seu legado no mundo. Seja um professor extraordinário.

Referências

BROWN, B. A. *Coragem de ser imperfeito*. Rio de Janeiro: Sextante, 2016.

DUNCKER, C.; THEBAS, C. *O palhaço e o psicanalista: como estudar os outros pode transformar vidas*. Rio de Janeiro: Paidós, 2021.

DWECK, C. S. *Mindset: a nova psicologia do sucesso*. São Paulo: Objetiva, 2017.

GUTMAN, L. *A biografia humana*. Rio de Janeiro: Bestseller, 2017.

18

O PODER DA AUTOTRANSFORMAÇÃO PARA TRANSFORMAR A SALA DE AULA

Você tem sentido algum incômodo e/ou necessidade de mudar algo que você não sabe muito bem o que é para ser um melhor professor? Se sua resposta foi sim, este capítulo é para você. Nele, falaremos sobre o processo de transformar-se para transformar seu entorno, apesar das circunstâncias, e se tornar um professor extraordinário que transforma vidas.

LORENA VILLAR E DANIELA DE ABREU

Lorena Villar

Mãe de Antônio e casada com Gilcimar, filha de Doroti e Vitor. Farmacêutica pela UFOP e graduanda de Pedagogia. Educadora Parental e em Sala de Aula em Disciplina Positiva e Consultora em Encorajamento pela Positive Discipline Association (PDA). Educadora Sistêmica pelo IDESV. *Coach* Integral Sistêmica, *Business Coach* e Gestora de Perfil Comportamental pela Febracis.

Contato
lorena_villar@hotmail.com

Daniela de Abreu

Mãe de Antônio, adolescente. Pedagoga e mestre em Educação – UFRGS; consultora educacional de projetos de inovação e implantação da Disciplina Positiva nas escolas. Educadora parental e *coach* de pais, mães, crianças e adolescentes; mentora de profissionais da parentalidade; analista comportamental; educadora parental e de sala de aula pela PDA. Experiências anteriores: educadora escolar; coordenadora, gestora e proprietária de escola; professora de graduação e pós-graduação; membro do COMED/Lajeado-RS.

Contato
contato@danieladeabreu.com.br

1. Introdução

Ser professor é uma escolha gratificante e desafiadora. Gratificante porque são os professores que encorajam crianças e adolescentes a desenvolverem habilidades acadêmicas, sociais e de vida. É desafiador porque os comportamentos dos alunos podem desencorajá-lo a continuar num constante processo de transformação, evolução e de encorajamento ao seu aluno.

Entretanto, atualmente podemos contar com novos estudos sobre desenvolvimento humano. A neurociência do comportamento e do desenvolvimento humano, por exemplo, nos auxilia a pensar novas possibilidades para sermos professores que se transformam permanentemente e, consequentemente, transformam seu entorno e seus alunos.

A partir dessas referências, apresentamos etapas para a transformação de si, do seu cenário e as ferramentas para encorajá-lo a sentir, pensar e agir como um professor transformado e que transforma.

1.1. Crenças

Por definição, crença é o ato ou efeito de crer, pensamento que se acredita ser verdadeiro e seguro. Para a biologia, é toda programação neural assimilada ao longo do tempo, principalmente na infância.

As decisões que tomamos, conscientes ou não, sobre o eu, os outros e o mundo, especialmente na nossa primeira infância, baseadas nas experiências pessoais, nos sentimentos e significados que atribuímos a elas, criaram o que chamaremos aqui de crenças básicas. Portanto, o que define essas crenças básicas são as nossas decisões a partir do que sentimos, pensamos e decidimos sobre o que aconteceu na nossa vida e não os fatos, eventos ou circunstâncias que experienciamos.

Essas crenças básicas funcionam como lentes moldando a forma como percebemos o mundo, e influenciam diretamente nossos comportamentos.

A imagem abaixo ilustra a correlação entre as crenças, as necessidades e os comportamentos:

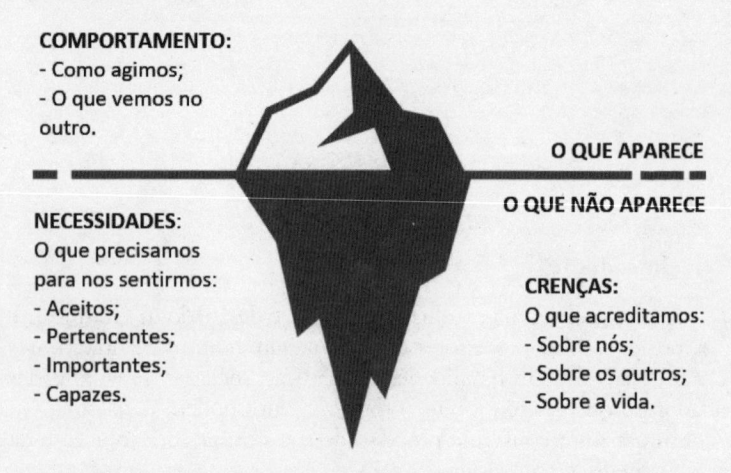

COMPORTAMENTO:
- Como agimos;
- O que vemos no outro.

O QUE APARECE

O QUE NÃO APARECE

NECESSIDADES:
O que precisamos para nos sentirmos:
- Aceitos;
- Pertencentes;
- Importantes;
- Capazes.

CRENÇAS:
O que acreditamos:
- Sobre nós;
- Sobre os outros;
- Sobre a vida.

Imagem das autoras, inspirada no livro *Disciplina Positiva*, de Jane Nelsen.

Os comportamentos visíveis são baseados nas crenças e necessidades humanas não visíveis, e que, somados à nossa hereditariedade (natureza) e nosso ambiente (criação), desenvolvem a nossa personalidade.

Qual desses pontos você acha que tem mais influência sobre a sua personalidade? Se respondeu crenças, acertou! São elas que agem como filtro influenciando nossos pensamentos, que despertam nossos sentimentos e direcionam nossas decisões e impactam nos resultados, como de acordo com o diagrama:

Situação → CRENÇA (FILTRO) → PENSAMENTO → SENTIMENTO → DECISÃO → RESULTADO

Vamos a um exemplo prático de dois professores que nos servirá de suporte para conceituações e propostas que faremos ao longo do capítulo.

	Professor 1	Professor 2
Crença sobre escola e professor	O professore é: - uma autoridade, obtém todo o conhecimento e deve ser respeitado, não questionado e manter o controle da sala. Situação de conflito: - deve usar da punição para dar exemplo aos demais alunos e manter sua autoridade respeitada.	O professor é: - um líder mediador do conhecimento, e acha que respeito é uma conquista pelo exemplo e pela escuta, auxilia os alunos a aprenderem de acordo com os conhecimentos da origem de cada um ser respeitados e ouvidos. Situação de conflito: - tente usar de perguntas e conversas para entendimento e respeito de ambas necessidades.
Situação	Professor explicando a matéria e um aluno conversando sem prestar atenção e ainda atrapalhando outro aluno com o qual estava conversando.	
Resultado esperado	Aluno pare de falar e preste atenção pois é uma matéria importante.	
Pensamento	Que criança mal educada, eu estou aqui ensinando e ele sequer presta atenção.	Será que ele está tendo algum problema hoje e por isso não está conseguindo prestar atenção?
Sentimento	Raiva	Curiosidade e compaixão
Decisão e ação	Decisão: Fazer ele me respeitar, seja prestando atenção, seja saindo da sala. Comportamento: Gritar com o aluno para ficar calado e prestar atenção, o aluno responde gritando que não vai parar de falar com o amigo e a professora o expulsa da sala para a coordenação.	Decisão: Parar um minuto e perguntar à sala como estão se sentindo para aprender hoje. Comportamento: Pergunta aos alunos como estão se sentindo e, o aluno que estava conversando explica que não estava se sentindo bem, pois estava com problemas em casa e estava contando para o amigo. A professora diz que sente muito por isso e pergunta ao aluno se seria possível esperar para conversar com o amigo daqui 15 min, pois essa matéria que está explicando é importante e ele poderia ficar perdido depois nos estudos.
Resultado	Aluno se sentindo incompreendido e desrespeitado pela professora e triste por estar dando mais problema aos pais. As demais crianças ficaram assustadas e com medo e precisam se esforçar para esquecer o ocorrido e prestar atenção. Pais do aluno são chamados à escola e ao chegarem em casa agridem o filho.	Aluno se sente compreendido e respeitado pela professora, entende a importância do assunto que está sendo ensinado e então para de conversar para prestar atenção na aula. Professora consegue terminar sua aula.

Atividade

1. Os professores que teve ao longo da vida e o que seus pais falaram para você sobre o papel do professor e da escola se parecem mais com 1 ou 2?
2. Com qual comportamento você, como professor, mais identifica sua prática?
3. Se você pudesse escolher algum desses professores para ensiná-lo, qual escolheria? Por quê?

Se sentiu algum desconforto e/ou vontade de mudar algo ao refletir sobre esses exemplos, siga conosco que vamos trazer uma proposta para essa transformação, iniciando pelo transformar-se, pois toda e qualquer mudança só é possível iniciar no EU.

2. *Transformar-se*

Toda transformação se dá pelas novas decisões a partir da ressignificação das nossas crenças básicas. Quando não temos consciência disso, a tendência é a manutenção das crenças, e o aprisionamento numa zona de estresse, entre o como se acredita que a vida deve ser e o como a vida realmente é. Manter-se nesse estado é escolher perpetuar o sofrimento a partir das dores e desafios enfrentados cotidianamente na sala de aula e escola. É alimentar um pensamento mágico de que o sofrimento e o desânimo sentidos por inúmeros professores das mais diferentes realidades educacionais do nosso país e do mundo, cessará somente quando houver mudanças externas, quando as circunstâncias forem diferentes.

Sobre o processo de transformação, temos "boas" e "más" notícias

"Más" notícias: mudar não é fácil, não é um processo linear, é cheio de momentos desconfortáveis, progressos e retrocessos, pessoas ao nosso redor que não sabem lidar com a nossa mudança e nos desencorajam a continuar. Isso, entretanto, não é motivo para desistirmos. Somente após muita prática, as mudanças realizadas passam a ser naturais e automáticas, pois padrões de comportamento e crenças enraizadas há anos são difíceis de serem quebradas.

"Boas" notícias: crenças podem ser ressignificadas e nosso *mindset* (mentalidade) pode ser alterado, pois, segundo Dweck (2017), habilidades podem ser aprendidas a partir do esforço, dos erros, do tempo de treinamento e da persistência; inteligência e talento inatos não são o suficiente para alcançar bons resultados.

Segundo Lynn Lott (2019), o primeiro passo da transformação é o desejo de tornar sua vida melhor. A partir deste primeiro, seguem-se conscientização, aceitação e ação. Convidamos você, então, a conhecer e vivenciar cada um desses passos.

2.1 O desejo de mudar

O desejo de mudar é essencial para o início do processo, pois é essa energia do desejo que dá força para o processo. Para auxiliar no processo, é importante ter coragem, pré-requisito para mudança e estar atento e se desapegar dos obstáculos que te impedem de entrar em ação:

- Tentar mudar os outros e não a si mesmo;
- Buscar cura ou soluções milagrosas;
- Insistir em ações que não funcionaram, esperando que passarão a funcionar;
- Comparar-se com os outros;
- Preocupar-se com problemas que não são seus;
- Achar que já é bom o suficiente e não há mais o que aprender;
- Encarar o fracasso, o erro, a dificuldade e a crítica como motivos para desistir;
- Achar que habilidades e competências são inatas, ou seja, ou nasceu com ela ou não há como desenvolvê-las.

2.2 Consciência

Toda transformação que desejarmos fazer em nós e em nossa realidade exige a tomada de consciência das causas daquilo que decidimos modificar. Sem esse passo, a mudança não acontece, pois não se pode transformar algo que não se conhece.

Quando trazemos à consciência nossos traumas, crenças limitantes e padrões de decisões criadas durante a infância, nós, agora como adultos, podemos confortar e reeducar nossa criança interior e refazer nossas decisões. Com isso, podemos passar a controlar o quanto esses padrões de pensamento, sentimento e comportamento do passado nos afetam, e começamos a modificá-los.

Neste passo, é importante resgatar na memória lembranças da infância com o objetivo de identificar de onde vêm as decisões que influenciam sua vida hoje.

Ao fazer isso com os professores 1 e 2, resgataram-se as seguintes memórias:

Professor 1: Quando tinha oito anos e estava na escola, na aula de matemática, contou à professora que tinha resolvido o problema de maneira diferente, mas que tinha obtido o mesmo resultado. A professora o repreendeu na frente da sala e disse que o jeito certo de se resolver era como ela tinha feito e, ao contar aos pais, eles reforçaram a fala da professora. Ele pensou que era burro, se sentiu envergonhado e decidiu que ele era incapaz, que os outros sempre são melhores e que nunca mais ousaria fazer nada sozinho, somente copiar aqueles que já têm resultados.

Professor 2: Exatamente na mesma idade, passou pela mesma situação e sua professora foi até sua carteira, verificou o que tinha sido feito, viu que a ordem das operações tinha sido alterada, mas todas as regras da matemática estavam cumpridas. Parabenizou o aluno pela iniciativa e o convidou para colocar o seu exemplo no quadro e, a partir desse dia, passou a incentivar os alunos a tentarem sozinhos e perguntar sempre se algum tinha feito de alguma maneira diferente do exemplo que ela trazia. Ele se sentiu capaz, importante e orgulhoso e decidiu que sempre tentaria resolver sozinho os problemas, de acordo com sua forma de pensar.

O que foi possível identificar a partir dessas memórias dos professores 1 e 2? Qual a relação das decisões e as crenças que originaram os diferentes comportamentos diante da mesma situação que foram narrados anteriormente no item 1.1?

Atividade

1. Lembre-se de um momento marcante vivido como estudante da escola básica. Procure pelo máximo de detalhes: quantos anos você tinha? Esse momento foi bom ou ruim?
2. Registre: o que pensou, o que sentiu e o que decidiu sobre esse momento.
3. O quanto suas decisões do seu passado como aluno impactam nas escolhas que faz hoje na forma de exercer sua profissão, na relação com seus alunos e nos demais desafios do cotidiano escolar?

2.3 *Aceitação da realidade*

Após desejarmos e acendermos a luz da consciência, segue-se a etapa da aceitação, na qual paramos de "pirraçar" com a vida e a aceitamos como ela é. É sair do estágio de negação que paralisa, julga, critica, compara e reage, para entrar no estágio de ver os fatos exatamente como são.

A aceitação permite focar na realidade sem julgar o passado ou criar ansiedade pelo futuro, focando em nossas forças e de que forma podemos agir em relação a essa realidade que se apresenta. Sem essa etapa, as transformações são temporárias, pois podemos recair num círculo vicioso de vitimização ou culpabilização nossa, dos outros ou das circunstâncias.

Aceitar é olhar para o erro como excelente oportunidade de aprendizagem, é aceitar-se como ser humano passível de falhas e, ao aceitar sua realidade como é, torna-se possível pensar novas escolhas.

Atividade

1. Pense num comportamento ineficaz que você teve no seu trabalho, seja em relação ao comportamento de um aluno, um colega de trabalho ou alguma determinação de um gestor, que julga arbitrária. Coloque essa situação no quadro abaixo, preenchendo os demais dados:

Situação	Objetivo	Pensamento	Sentimento	Decisão/Ação	Resultado
Aluno conversando durante a aula.	Conseguir ajudar os alunos a entenderem a matéria.	Que criança mal-educada, eu estou aqui lhe ensinando e ele sequer presta atenção.	Raiva	Fazer ele me respeitar, seja prestando atenção, seja saindo da aula para dar exemplo aos demais. Gritar com o aluno e expulsá-lo da sala.	Alunos quietos, mas assustados sem conseguir entender o que o professor estava explicando porque só pensavam no que tinha acabado de acontecer.

2. Agora olhe para suas respostas e aceite todos seus pensamentos, sentimentos e decisões como são, sem julgamento de bom ou ruim, certo ou errado.

2.4 Escolhas e Ação

Se você chegou neste ponto, entendemos que deseja reescrever suas decisões a partir de novas escolhas. Vamos à ação!

Ao modificar qualquer um dos pontos - pensar, sentir, agir -, modificam-se os demais, pois são interligados. A sinergia e a coerência entre esses pontos é o foco desta etapa, pois suas ações em coerência impactam na forma como pensa e sente. Essa dinâmica é que torna as mudanças duradouras.

Mesmo que não pareça natural, não desista. Imagine seu cérebro como uma floresta e os caminhos neurais como as trilhas, aquelas que são mais utilizadas são mais fáceis e práticas de serem acessadas, e as inexistentes ou pouco utilizadas demandam esforço, prática e tempo de uso para que se tornem a escolha automática.

Atividade

1. Retome a situação utilizada na atividade anterior e preencha a tabela com as novas escolhas que fará daqui para frente de maneira consciente. Você pode começar por qualquer parte da tabela (como quer sentir, pensar ou agir como um professor transformado para obter melhores resultados).

Situação	Objetivo	Pensamento	Sentimento	Decisão/Ação	Resultado
Aluno conversando durante a aula.	Conseguir ajudar os alunos a entenderem a matéria.	Será que ele está tendo algum problema hoje, por isso não está conseguindo prestar atenção?	Curiosidade e compaixão	Parar um minuto e perguntar à sala como estão se sentindo para aprender hoje e explicar que a matéria é importante e fazer combinados para alcançarem o resultado de aprenderem.	Alunos atentos prestando atenção e tirando dúvidas.

2. Compare as 2 tabelas das atividades e reflita sobre todas as alterações.
3. Faça essa atividade sempre que tiver alguma situação que achar que necessita de alguma mudança.

3. Transformar

Por tudo que trouxemos até agora, ficou explícito que a autotransformação provoca a transformação do entorno, no nosso caso, da escola.

Suas mudanças pessoais inspiram as pessoas ao seu redor a partir dos exemplos e, principalmente, dos seus resultados.

Ao mudar a dinâmica do pensar, do sentir e do agir em relação a si, aos outros e à vida, encoraje-se para praticar suas novas aprendizagens no cotidiano de maneira intencional. Para isso, atente para os alertas:

- Confie no processo;
- Não desista diante das dificuldades;
- Erros são oportunidade de aprendizado;
- Esforço e tempo de treinamento são necessários;
- Foque nos resultados que quer obter;
- Se cansar, descanse. Não desista!

Em relação à prática com as crianças e os adolescentes, inicie pela criação de um ambiente de crenças encorajadoras no aprendizado:

- Evite rotular as crianças;
- Tenha uma postura de curiosidade;
- Aceite as origens e criação dos seus alunos sem julgamento;
- Não compare os alunos;
- Foque no esforço e na evolução de cada um;
- Tenha claro as habilidades de vida que ensinará e reflita se seus comportamentos são exemplos positivos;
- Pergunte ao invés de mandar, pois ao perguntar você encoraja o outro a pensar por si mesmo.

Para ter mais informações sobre o desenvolvimento desse processo, entre em contato conosco por meio dos nossos *e-mails* ou acesse o *link* e deixe seus dados que entraremos em contato:

https://forms.gle/yYLYrTbSRhYAtJq3A

Lembre-se: transformar-se e transformar pela educação não tem ponto de chegada. Conte conosco!

Referências

DWECK, C. S. *Mindset: a nova psicologia do sucesso*. São Paulo: Objetiva, 2017.

LOTT, L.; BARBARA, M. *Autoconsciência, aceitação e o princípio do encorajamento: pensar, sentir e agir como uma nova pessoa em apenas 8 semanas*. Barueri/SP: Manole, 2019.

NELSEN. J.; LOTT, L.; GLENN, H. S. *Disciplina positiva em sala de aula*. Barueri/SP: Manole, 2017.

19

AS COMPETÊNCIAS SOCIOEMOCIONAIS DO PROFESSOR EXTRAORDINÁRIO

A educação está em constante transformação, é imperativo que os professores desenvolvam novas habilidades e competências técnicas, comportamentais e emocionais para transformar vidas pela educação. Neste capítulo, vamos refletir sobre a importância de desenvolver as competências socioemocionais docentes e o quanto o autoconhecimento levará o professor a viver uma docência extraordinária.

MARIA DE FÁTIMA FERNANDES

Maria de Fátima Fernandes

Pedagoga e psicopedagoga, atuo há 16 anos na educação como professora, compartilhando conhecimentos, aprendizagens e preparando os estudantes para o sucesso acadêmico e pessoal. Pós-graduada em psicopedagogia clínica e institucional. Escolhi ser uma psicopedagoga para aprofundar e entender melhor o processo de aprendizagem humana. Como psicopedagoga clínica, trabalho por meio da psicoeducação das emoções, procuro identificar e auxiliar nas dificuldades de aprendizagem dos alunos e ensinar aos professores caminhos mais assertivos e empáticos, visando ao processo de ensino e aprendizagem. Formação em *Coaching* Educacional: como *coach* educacional guio equipes docentes a desenvolverem suas competências socioemocionais. Sou especialista em equipes docentes de alta *performance*, nas quais ajudo professores no equilíbrio entre docência e vida pessoal.

Contatos
escritora.mariafernandes@gmail.com
Instagram: mariafernandes_psicopedagoga
11 97137 4070

Administrar a emoção é ser livre no único lugar em que não podemos ser prisioneiros: dentro de nós mesmos.
AUGUSTO CURY

O contexto educacional nos mostra que não basta ser um professor transmissor de conteúdo. É necessário preparar e formar os indivíduos com pensamento crítico, versátil e responsável. O professor extraordinário deve ultrapassar essa meta, buscando conhecer todo o funcionamento cognitivo dos seus alunos para uma educação com excelência. O docente do futuro fará isso pelas suas competências socioemocionais.

O que são as competências socioemocionais?

As competências socioemocionais são habilidades que ajudam a lidar com nossas próprias emoções e com as nossas relações estabelecidas ao longo da vida, e estão ligadas à nossa capacidade de conhecer, conviver, atingir objetivos, trabalhar e ser.

Quais os benefícios das competências socioemocionais para alunos e professores?

O grande benefício é aprender sobre regulação das emoções em busca de saúde emocional. As competências socioemocionais são capazes de ajudar no controle consciente das emoções, na demonstração de afeto, na tomada de decisão de maneira responsável e administração da frustração ao longo da vida.

Como podemos desenvolver essas competências?

O caminho mais poderoso é pela inteligência emocional, do autoconhecimento e do autocontrole.

Inteligência emocional podemos dizer que se trata da sabedoria de um indivíduo em perceber e expressar suas emoções de maneira consciente. Ou seja, em vez de simplesmente reagir às situações, a pessoa é capaz de "raciocinar emocionalmente". A inteligência emocional também ajuda a desenvolver a autoestima, autoconfiança, melhora na comunicação e alta *performance*. Tudo isso impacta na docência do professor.

Segundo o psicólogo Daniel Goleman, "a inteligência emocional é como a capacidade de uma pessoa de gerenciar seus sentimentos, de modo que eles sejam expressos de maneira apropriada e eficaz. O controle das emoções é essencial para o desenvolvimento da inteligência de um indivíduo".

Você, professor, acha importante desenvolver as suas competências socioemocionais para ser um professor extraordinário?

Eu acredito que SIM, é de extrema importância o educador desenvolver as competências socioemocionais não só as dos seus alunos, como indicado pela BNCC (Base Nacional Comum Curricular), mas as suas também, pois proporcionará melhores desempenhos profissionais, segurança sobre os estímulos estressantes, resiliência, empatia, autoconsciência e a ser líder de si mesmo.

Se você é um educador que deseja ser reconhecido como um professor acima da média, compartilharei 12 competências socioemocionais do professor extraordinário.

As competências socioemocionais do professor extraordinário

Líder inspirador

Educação socioemocional dos alunos

Inteligência emocional

Formação continuada

Novas tecnologias

Comprometimento

Aprendizagem

Organização

Empatia

Proativo

Docência inovadora

Trabalho em equipe

As 12 competências socioemocionais do professor extraordinário

1ª *Desenvolver a sua inteligência emocional*

Nós professores somos vistos como referência comportamental perante os alunos, com relação ao comportamento, sentimentos e emoções. Inteligência emocional se dá ao conjunto de competências relacionadas a lidar com emoções, ou seja, como o docente enxerga, desempenha, compreende e desenvolve habilidades para administrá-las.

Para ensinar, é preciso aprender. Para auxiliar seus alunos a desenvolver sua inteligência emocional, é essencial que o docente busque autoconhecimento e autocuidado. Autocuidado é a base do amor. Para amarmos o outro, inclusive nossos alunos, primeiramente precisamos nos amar e cuidarmos intencionalmente de nossa SAÚDE EMOCIONAL.

2ª *Promover a educação socioemocional do seu aluno*

O professor extraordinário deve contribuir para o desenvolvimento das habilidades e competências socioemocionais do seu aluno segundo a BNCC (Base Nacional Comum Curricular), tais como: incentivar o conhecimento, o pensamento crítico e criativo, valorizar o repertório cultural, utilizar diferentes formas de comunicação, criar uma cultura digital para produzir e resolver problemas, valorizar a diversidade, argumentação, autoconhecimento e autocuidado, empatia e cooperação, responsabilidade e cidadania. Desse modo, ao trabalhar com a educação socioemocional, o professor contribuirá para que o aluno consiga gerenciar suas emoções e valorizar suas inúmeras inteligências, reconhecer si mesmo, o outro e o mundo.

> *Este hábito dos professores fascinantes contribui para desenvolver em seus alunos: capacidade de gerenciar os pensamentos, administrar as emoções, ser líder de si mesmo, trabalhar perdas e frustações, superar conflitos.*
> AUGUSTO CURY

3ª *Gerar a própria formação continuada*

Imagine que amanhã receberá um aluno portador de necessidades educacionais especiais.

- Você está preparado emocionalmente para receber esse aluno?

- Está qualificado tecnicamente para trabalhar com diferentes necessidades educacionais?
- Qual será a didática utilizada?

Será que passou pela sua cabeça:
"Fico desesperada, pois não estou preparada para lidar com essa situação" ou "Estou tranquila e segura, pois investi na minha própria formação".

Professores devem construir a própria formação continuada, estudar, participar de cursos, treinamentos e reflexões pedagógicas, aprimorando sempre os conhecimentos e o controle emocional. Você é o responsável pelos seus resultados de vida.

4ª Ser entusiasta das novas tecnologias

Uma das novas competências é o professor ser entusiasta de novas tecnologias. Com a pandemia covid-19, conseguimos ver a importância da tecnologia dentro e fora da sala de aula. O quanto é importante aceitar as mudanças, evoluir e aprender novas tecnologias. Sejam elas projetores, lousas digitais, *iPads, tablets*, computador, celular ou gerenciar um canal de aulas em uma plataforma *on-line*.

Os professores devem antecipar e estar em constante busca de novas TICs (Tecnologias de Informação e Comunicação). No cenário educacional, as TICs são recursos que precisam estar inseridos no cotidiano escolar, sua utilização como ferramenta de ensino e como instrumento de apoio às matérias e aos conteúdos lecionados torna-se indispensável, pois desperta o interesse nos alunos e estimula o desenvolvimento dos processos de ensino.

A maior discordância que poderá ser notada entre a atuação dos professores do século passado e atual será a utilização das ferramentas tecnológicas. Em que século estão suas habilidades tecnológicas?

É relevante destacar que não se trata apenas de aprender a usar um novo *software*, mas de compreendê-lo. Será essencial ultrapassar o uso pessoal das redes sociais, transformando-as em ferramentas estratégicas para a propagação do conhecimento.

5ª Comprometimento

É imprescindível que os professores estejam comprometidos com sua missão e propósito educacional. É muito mais que exercer uma profissão, ministrar aulas, aplicar e corrigir provas. Ser professor é uma profissão que exige muita dedicação, habilidades técnicas comportamentais e emocionais. Esse compromisso com sua missão de educar não é firmado apenas no dia da sua formatura, mas diariamente em sala de aula.

6ª *Envolver os alunos em suas aprendizagens*

O educador deve usar essa competência de olhar o aluno numa visão sistêmica, ou seja, conseguir enxergar e compreender o todo por meio da análise das partes que o formam. Ter um olhar tanto para a área acadêmica quanto para a emocional dos seus alunos. Desenvolver as aprendizagens e objetivar que seus alunos sejam líderes de si mesmos, formadores de opiniões, responsáveis e preparar seus alunos para explorarem o desconhecido, incentivando a curiosidade.

7ª *Praticar a organização*

A produtividade docente é muito importante para que o professor organize seu plano de ação pedagógico e de estudos dos seus alunos. Organizar e planejar ajuda você a estar no controle da sua vida. "Se você não faz a sua agenda, então será a agenda de alguém". Você corre um grande risco de sua saúde emocional ser impactada negativamente e comprometer sua missão de educar.

8ª *Empatia*

Essa é uma competência socioemocional importante de se desenvolver no meio profissional. É a capacidade de se colocar no lugar do outro e compreender as situações pela concepção do outro. Respeitando as crenças, valores e história de vida.

Desenvolver empatia é indispensável no trabalho, com os alunos e no seu relacionamento diário. Professores empáticos são mais acolhedores, possuem aquela habilidade de "calçar os sapatos de seus alunos" buscando compreender seus sentimentos e se comunicar empaticamente.

> *Perceber o que as pessoas sentem sem que elas o digam constitui a essência da empatia.*
> DANIEL GOLEMAN

9ª *Ser proativo*

Quer se destacar na escola? Seja um professor proativo. Ser um professor proativo ensina que nós controlamos nossas respostas às situações e circunstâncias. O professor proativo tem foco para se comprometer com os resultados, procura maneiras para resolver problemas antes mesmo deles acontecerem e não paralisa esperando ordens dos seus gestores educacionais para se movimentar.

Professores proativos focam seu tempo, sua energia naquilo que elas conseguem controlar e administram bem suas ações.

Um professor proativo não oferece benefícios unicamente para ele, mas para todos que fazem parte do seu dia a dia, seja na vida pessoal ou profissional. Isso porque eles têm a capacidade de influenciar comportamentos e promover melhorias dentro da escola.

10ª Inovador em sua docência

O professor do futuro tem consciência que o sistema educativo está em constante inovação e movimento. O professor inovador reconhece a importância de introduzir novas práticas, técnicas de ensino, aplicativos educacionais, implementar diferentes ferramentas, dispositivos eletrônicos para aperfeiçoar seu fazer pedagógico.

Nenhuma escolha é tão significativa quanto a mudança de atitude. Não permita que seu futuro seja traçado pela sorte de "estar no lugar certo na hora certa". Com suas atitudes inovadoras, você criará a hora certa. Manifeste seus talentos e habilidades sendo um docente inovador.

11ª Trabalho em equipe

Esta competência refere-se a trabalhar bem com os outros, sendo produtivo, fortificando relações por um bem comum. Professor, pense no esquema ganha-ganha, um modelo mental que diz que se eu vencer, então você também vence. Não sou eu nem é você, mas somos nós. Pensar ganha-ganha é a base para se relacionar bem com os outros e resolver os problemas dentro e fora da escola.

O professor com foco em sua equipe pedagógica compartilha planos, ideias, cooperação, soluções para construir um todo melhor. Equipe pedagógica significa quando um ou mais profissional da área da educação está unido para executar tarefas, encontrar soluções, e atingir metas educacionais. Cada profissional dessa equipe coopera com suas habilidades e talentos de forma positiva em busca de atingir os objetivos em grupo. Criar sintonia nos ensina que quando duas ou mais pessoas trabalham juntas, realizam mais do que se elas estivessem sozinhas.

Pense em três habilidades ou talentos que se você colocar em ação ajudará toda a sua equipe pedagógica.

12ª Ser um líder inspirador

Sabe o que Gandhi, Madre Teresa de Calcutá e Nelson Mandela têm em comum?

Uma liderança inspiradora.

O professor que possui uma liderança inspiradora acredita em si mesmo. Ele tem o papel de fazer com que as pessoas acreditem que algo é possível e que elas podem alcançar inúmeros objetivos dentro ou fora da escola.

O professor líder inspirador acredita em suas habilidades e competências, por isso inspira milhares pelos seus talentos e comprometimento com seu propósito inabalável. Eles têm maior chance de engajar pessoas na sua causa buscando transformar o mundo ao seu redor devido à visão do futuro, clareza da jornada inovadora e isso faz com que a força do mesmo propósito esteja vibrante entre todos.

> *A tarefa fundamental dos líderes é instalar bons sentimentos naqueles que lidera.*
> DANIEL GOLEMAN

Professores líderes inspiradores não comandam alunos, e sim, buscam desenvolver o melhor de cada um, são presentes na vida dos seus alunos, têm autocontrole sobre suas ações e emoções, utilizam a comunicação não violenta e a escuta ativa. Criando assim, espaço seguro para formar mentes empreendedoras, inovadoras e conectadas com seu propósito de vida.

Para finalizar este capítulo tão impactante, reforço que é indispensável que o professor desenvolva ao longo da sua vida e de sua carreira as doze competências e habilidades socioemocionais, para ele viver uma docência extraordinária com autoconhecimento, autoestima, autoconfiança, empatia e autocontrole. Capaz de gerenciar os pensamentos, administrar suas emoções e educar as emoções dos seus alunos. Professores são profissionais indispensáveis na sociedade e que eu tenho grande admiração pela sua missão no mundo.

Professor, seja protagonista da sua própria história, fazendo a diferença e transformando vidas. Seja um mestre inesquecível!

Referências

CURY, A. J. *Pais brilhantes, professores fascinantes.* Rio de Janeiro: Sextante, pp. 55-155, 2003.

GOLEMAN, D. *Inteligência emocional.* Rio de Janeiro: Objetiva, 1996.

GOLEMAN, D. *Trabalhando com a inteligência emocional.* 1. ed. Rio de Janeiro: Objetiva, 1999.

20

LÍDERES INSPIRADORES E SEUS PROFESSORES EXTRAORDINÁRIOS

A liderança educacional inspiradora é uma ferramenta extraordinária de aprendizado e crescimento. Quanto mais exercemos, mais aprendemos e impactamos positivamente a vida dos nossos professores.
O objetivo deste capítulo é compartilhar o que aprendi com minha formação acadêmica, experiência na área e, principalmente, como as ferramentas de *coaching* educacional alavancaram a minha vida pessoal e profissional.

NARCIZIA DE SOUSA
BEZERRA GOMES

Narcizia de Sousa Bezerra Gomes

24 anos de experiência atuando na área de educação como docente, palestrante/FEBRACIS, especialista em Formação Continuada de Professores e Liderança Educacional, formada em Psicanálise Clínica pela SBPMA e Biologia/UEMA, bacharel em Serviço Social/UNISEB, pós-graduação em Sexologia/UCAM, formação em *Coaching*/FEBRACIS. formação em *Parent Coaching*, formação em *Coaching* Educacional pela DNA Neuroeducação e *Coaching*. Graduanda em Psicologia.

Contatos
escritoranarcizia@gmail.com
Facebook: narcizia.gomes
Instagram: @coachnarcizia.gomes
98 98177 8146

Quem sou eu: autoconhecimento e trajetória

> *Você possui recursos internos para direcionar sua vida e profissão no caminho certo...*
> PAULO VIEIRA

Sou Narcizia Gomes, esposa, mãe, avó, sogra. Nasci em uma cidade no interior do Maranhão chamada Poção de Pedras. Sou de origem humilde, meu pai apresentava deficiência, era surdo, nos sustentava do trabalho como lavrador, enquanto minha mãe semianalfabeta era gari e varria as ruas da cidade para ajudar financeiramente em casa. Tivemos uma história marcada pela escassez de moradia, alimento e, apesar de tudo, quando olho para trás, eu vejo que tive uma infância feliz. As dificuldades nunca foram maiores que meu desejo de viver e aprender, tampouco de sonhar.

Desejei estudar e mudar minha realidade e ajudar minha família. Pensava como isso seria possível. Só encontrava uma saída: educação. Meu pai foi a minha grande inspiração e incentivador. Lembro-me dele carinhosamente me chamando de "doutora" e isso alimentava os meus sonhos. Em seus conselhos, me dizia: "nunca pare de estudar".

Com uma mãe valente e um pai encorajando meu voo, estudei. Estudei em escolas públicas, sem infraestrutura e condições de ter materiais escolares. Meu sonho era ter uma caixa de lápis de cor. Já vi minha avó costurando as pernas da calça do meu pai para fazer uma bolsa para eu ir à escola. Ela sabia fazer crochê como ninguém. Sou grata pelos esforços de cada um deles para eu estudar.

Sofri *bullying* na escola por ser filha de um "mudo", alcunha que meu pai tinha na cidade. Isso marcou minha infância, trazendo um sentimento de angústia e tristeza, pois não sabia como defendê-lo. Além de também sofrer com apelidos maldosos por ser muito magra. As consequências dessa violência sistemática foram a timidez exacerbada, crença de não merecimento, insegurança, baixa autoestima, sentimento de rejeição e tudo isso permeou no meu consciente até eu passar pelo processo de autoconhecimento.

Aos 21 anos me casei, deixei para trás minha pequena cidade natal e fui para outra cidade na qual vivo hoje, lugar em que enfrentei a perda do meu primogênito de forma precoce em decorrência de uma leucemia. Este menino me ensinou lições valiosas de vida, como: perseverança, fé, companheirismo e, principalmente, amor. Em sua memória, dedico este trabalho.

Por que resolvi falar sobre minha história?

Para você compreender os motivos de minhas conquistas nesta jornada.

Talvez você se pergunte, mas toda essa história para falar de uma liderança educacional inspiradora?

Sim, pois aqui eu vou contar o que fiz para quebrar as crenças de não merecimento que me impediam de avançar e dar o meu melhor para o universo para ser reconhecida como uma LÍDER INSPIRADORA.

O líder educacional é uma pessoa que executa tarefa, trabalha para o equilíbrio na escola, conduz outras pessoas a executarem suas demandas pedagógicas e proporciona espaços para autoconhecimento e cuidado com a saúde emocional de toda equipe pedagógica.

Por muito tempo, acreditei que os líderes já nasciam líderes e que para liderar era necessário ser "carrasco", mas a minha busca constante por uma resposta a essa minha concepção de liderança me levou à compreensão de que ninguém nasce líder. Acredito que liderança educacional é uma habilidade que pode ser adquirida pelo autoconhecimento, pela inteligência emocional e pelo *coaching*.

Segundo Daniel Goleman, a tarefa fundamental dos líderes é instalar bons sentimentos naqueles que lidera. Entendo que, para isso acontecer, é preciso primeiramente se autoconhecer e tomar consciência da concepção que tem de liderança, pois, antes de gerenciar mudanças em outras pessoas, você precisa gerenciar mudanças em si mesmo.

Lembro-me do meu primeiro convite para liderar na função de coordenadora pedagógica. Logo vieram as melhores desculpas, a voz interior dizendo "Você não consegue", o sentimento de insegurança gritava porque não me sentia preparada. Foi ali que tomei a decisão de investir mais em treinamentos que pudessem me ajudar a melhorar tanto a parte técnica como a comportamental e emocional.

Acredito que o primeiro caminho é o autoconhecimento, ou seja, mergulhar na história da própria vida, descobrir sua essência humana e isto é possível quando você encontra respostas para as seguintes perguntas:

Quem sou eu? Por que estou no mundo? Qual minha missão? Qual meu propósito de vida? Por que eu faço o que faço? Como é a minha relação comigo mesma e com minha docência ou liderança?

Foi buscando respostas para estas perguntas poderosas, acolhendo a minha história de vida, explorando as minhas habilidades, forças de assinatura, respeitando meus valores, compreendendo as crenças que me limitavam e me impulsionavam, olhando para mim em uma profunda reflexão que encontrei as respostas para minhas perguntas. Tudo isso resultou em meu crescimento pessoal, profissional e equilíbrio emocional.

> *Ser feliz é deixar de ser vítima dos problemas e se tornar autor da própria história. É atravessar desertos fora de si, mas ser capaz de encontrar um oásis no recôndito da sua alma. É agradecer a Deus a cada manhã pelo milagre da vida.*
> AUGUSTO CURY

Como posso inspirar mais professores?

Encontrei a resposta em uma formação em *coaching*, porque para mergulhar dentro de si mesmo requer técnicas e acompanhamento. O *coaching* educacional foi um divisor de águas na minha vida pessoal e profissional. Acredito que as ferramentas proporcionam um momento único e fundamental para um líder acolher sua criança interior e descobrir verdadeiramente as áreas que precisam ser melhoradas e suas forças de assinatura. Pessoalmente foi também um momento de dor, de choro e de muitas emoções. Mas também compreendi meu potencial, meu lugar no universo, minha missão, meu propósito, e o ser incrível e vencedor que sou.

Na jornada de autoconhecimento, tive um verdadeiro encontro comigo mesma, no qual fiz uma autoavaliação sobre a minha autoaceitação, entendi minhas autossabotagens e o quanto eu procrastinava na vida pessoal e profissional.

Depois de uma anamnese, usando ferramentas e metodologias poderosas de *coaching*, descobri que se alguém deseja ser um líder inspirador, o caminho é o **autoconhecimento**. Quanto mais você se conhece e é amigo de si mesmo, melhor serão seus resultados e a alta *performance* de seu grupo docente. O autoconhecimento pelo *coaching* abre um leque de possibilidades em todas as áreas de sua vida, pois potencializa e leva você e seus professores por uma trilha de crescimento e realizações. Portanto, o maior desafio para ser um líder inspirador é identificar suas fragilidades, sua vulnerabilidade, seus pontos cegos, suas forças, acolher seus erros como aprendizados e reconhecer sua missão e propósito no mundo. O *coaching* proporciona esse fantástico momento.

Como as metodologias e ferramentas de *coaching* fizeram a diferença na minha vida pessoal e profissional?

Compreendi claramente o meu propósito de vida, minha missão e como exercer uma docência acima da média. O ponto de partida foi o autoconhecimento pelo processo de *coaching*. Entendi também que um líder educacional inspirador é aquele responsável por guiar seus professores em toda a jornada, sempre estimulando a busca pelo autoconhecimento, participação na gestão escolar, busca de alta *performance* e metas.

O líder educacional inspirador valoriza a saúde emocional tanto quanto o desenvolvimento técnico de seu grupo docente.

Inspire! Motive! Conheça as necessidades de seus professores. Mantenha uma conexão segura se busca um time de professores extraordinários.

Ser inteligente emocionalmente é um desafio da liderança extraordinária, pois "um líder ferido pode ferir toda uma geração", e quanto maior o nível de inteligência emocional melhor é o equilíbrio entre as áreas da vida do líder e nas suas relações interpessoais. Uma liderança pautada nesta habilidade proporcionará um ambiente laboral saudável. Portanto, todo líder precisa libertar-se do que o faz adoecer. Acredito que o caminho mais eficaz é do autoconhecimento e o desenvolvimento da sua inteligência emocional.

Roda das competências do líder educacional inspirador

Com essas habilidades aplicadas na minha jornada educacional, já liderei milhares de grupos de professores pelo Brasil. Venho colhendo resultados positivos que alimentam a alma e me fazem buscar despertar o professor extraordinário em cada docente.

Que tal separar alguns minutos para analisar a sua roda das competências para ser um líder educacional inspirador?

Anote, de 1 a 10, uma nota para cada uma das competências emocionais listadas.

RODA DAS COMPETÊNCIAS DO LÍDER INSPIRADOR

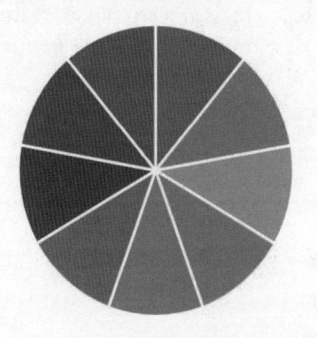

- EMPATIA
- HABILIDADES TÉCNICAS
- ESCUTA ATIVA
- COMUNICAÇÃO ASSERTIVA
- INTELIGÊNCIA EMOCIONAL
- MOTIVAÇÃO
- GESTÃO DE CONFLITOS
- INSPIRAÇÃO
- PRODUTIVIDADE

De 1 a 10, como você considera sua EMPATIA com seu grupo de professores?

- De 1 a 10, que nota você dá para suas **habilidades técnicas**?

- De 1 a 10, como está a **escuta ativa** com sua equipe pedagógica?

- De 1 a 10, como você promove a **comunicação assertiva** entre os pares escolares?

- De 1 a 10, como está a sua **inteligência emocional**?

- De 1 a 10, como está sua **motivação** no dia a dia escolar?

- De 1 a 10, quais as suas práticas aplicadas para a **gestão de conflitos**?

- De 1 a 10, você acredita que é **inspiração** para seus professores?

É um instrumento de avaliação situacional sobre as habilidades emocionais, comportamentais e técnicas do líder educacional.

A ferramenta tem como objetivo provocar reflexões, identificar pontos de melhoria, aprimorar habilidades, promover um clima laboral saudável na escola e saúde emocional para toda equipe pedagógica. Para um resultado mais assertivo, seja o mais sincero possível. Independentemente da nota, qualquer uma das competências pode ser melhorada. Ao término da análise, trace um plano de ação.

- Analisando suas notas, qual a competência que recebeu maior e menor nota? Qual a competência que você deseja aprimorar?

A tarefa fundamental dos líderes é instalar bons sentimentos naqueles que lidera.
DANIEL GOLEMAN

Referências

BRUNET, T. *Emoções inteligentes: governe sua vida emocional e assuma o controle da sua existência.* Barueri, SP: Novo Século Editora, 2018.

COOPER. A. A. *Como ser um líder.* São Paulo: Cengage Learning: Editora Senac Rio de Janeiro, 2012. (série profissional).

CURY, A. *Dez leis para ser feliz.* Rio de Janeiro: Sextante, 2012.

GOLEMAN, D. *Liderança: a inteligência emocional de um líder de sucesso.* Rio de Janeiro: Objetiva, 2015.

VIEIRA, P. *Eu, líder eficaz* (Q.E). 7. ed. Fortaleza: Premius, 2008.

21

AS LINGUAGENS COMO FERRAMENTA PARA A CONSTRUÇÃO DE VIRTUDES NA FAMÍLIA E NA ESCOLA

Este capítulo tem como objetivo trazer reflexões e possibilidades em orientarmos nossa comunicação para uma linguagem mais planejada, em que possamos contribuir na formação de crianças e adolescentes na construção de um ambiente democrático, de respeito, amor e pertencimento, favorecendo a construção de virtudes. Para tal, falaremos sobre as linguagens verbais e não verbais, que são, em sua maioria, as que mais comunicam. No entanto, não fomos educados a olhar e fazer bom uso delas.

PATRÍCIA CAMPOS

Patrícia Campos

24 anos de experiência em educação, graduada em Administração de Empresas e Comércio Exterior, pós-graduada em Psicopedagogia pela Universidade São Judas Tadeu, consultora em Gestão Escolar pela Fundação Chile e *coach* para Adolescentes pela Rio Coaching, treinadora de líderes do Ministério GFI (*Growing Families International*), gestora pedagógica e mantenedora de instituição de ensino, Colégio Degraus, desde 1997, em São Paulo e, a partir de 2005, em Jundiaí/SP.

Além de atuar na gestão da empresa, responsável pelo currículo de formação de educadores da instituição, da escola de pais com os cursos de educação de filhos e pelo grupo de orientadores e *coaches* do *mentoring class* para adolescentes.

Autora do blog da família, com assuntos pertinentes à boa convivência familiar.

Contatos
www.escoladepais.center
pcampos@degrausnet.com.br
11 99825 3161

As linguagens como ferramenta para a construção de virtudes na família e na escola

> *A maneira como pais e professores falam revela à criança como eles se sentem em relação a ela. As falas deles afetam sua autoestima e seu amor-próprio. Em grande parte, a linguagem dos adultos determina o destino da criança.*
> HAIM GINOTT

Há uma linda jornada a se percorrer quando falamos em educação de crianças e adolescentes, mas nem sempre é uma jornada simples e fácil.

Em minha história, carrego a alegria de já ter participado de muitos encontros com educadores e pais, com o objetivo de podermos entender nossas crianças e adolescentes e eles também a nós. Por isso, acredito que o uso da linguagem é um fator essencial para a construção de valores importantes para uma sociedade justa e humana.

Sabe-se que, quando não temos um objetivo, um lugar a conquistar, qualquer caminho serve para essa jornada. Se eu perguntasse sobre o que você deseja para sua família, seus filhos e alunos para o futuro, estou certa de que as respostas seriam sobre: a felicidade, o sucesso, a harmonia e um ambiente justo para se viver. Tognetta (2007) nos diz que crianças e adultos que vivenciaram práticas de respeito mútuo e democráticas, nas suas relações em família ou na escola têm a propensão de terem atitudes virtuosas e solidárias por terem adquirido confiança e empatia nessas relações. Vamos, então, conversar sobre essa jornada.

Desde muito cedo podemos interagir com os pequenos de forma "intencional" ou "distraída", ou seja, se vamos planejar o crescimento deles por meio das atividades de seu dia a dia ou se iremos apenas viver situações ao acaso. Tomo como ponto de partida que pensar e planejar a educação é essencial para termos um desenvolvimento integral de nossas crianças. E pensando nas linguagens como ferramenta para este desenvolvimento, uma boa comunicação assertiva faz todo sentido. Os estudiosos Mehrabian e Birdwhistell concordam que a comunicação que realizamos com o outro é, em sua maioria, não verbal. Então, a proposta é que possamos fazer um bom uso de todas as linguagens. Enumerei algumas linguagens que considero importantes para a conquista desses objetivos.

1ª A linguagem da confiança, generosidade, justiça e honra

As crianças desde pequenas podem perceber quando há uma boa relação entre seus pais, ou entre as pessoas da família. Se há uma boa relação de entendimento e harmonia entre os adultos, certamente será desenvolvido um sentimento de confiança nos filhos. Famílias com uma relação desajustada transmitem insegurança às crianças. Mas também não basta haver uma relação sem discussões na presença dos filhos, é preciso que eles percebam a relação de amor e honra entre seus pais ou responsáveis para garantir um crescimento emocional saudável.

Nas palavras de Menin (1996), "Pais e professores que querem uma educação para a autonomia devem primeiramente considerar seus próprios comportamentos e julgamentos morais. A sua autonomia será modelo para as crianças; a ausência dela também", principalmente quando o objetivo é a construção de valores como generosidade, justiça e honra.

2ª Linguagem do amor

Gary Chapmam (2017), em sua obra *As cinco linguagens do amor*, diz que as pessoas demonstram seus sentimentos, pensamento e o amor de maneiras diferentes e saber qual a maneira que se expressam é uma boa forma de estreitar vínculos e garantir que todos se sintam amados. As cinco linguagens de amor são: atos de serviço, o toque físico, dar presentes, as palavras de afirmação e a qualidade de tempo juntos. Desejo destacar as palavras de afirmação e encorajamento. Sabemos que muitas crianças precisam ouvir palavras motivadoras e positivas. Podemos dizer que são palavras de vida, aquelas que trazem o lado positivo de um comportamento desejado. Gostaria que refletissem um pouco sobre que tipo de ambiente define o ambiente familiar em que você vive. São de palavras de vida ou de morte? Efésios 4.29 aborda este assunto dizendo: "Nenhuma palavra torpe saia da boca de vocês, mas apenas a que for útil para edificar os outros, conforme a necessidade, para que conceda graça aos que a ouvem".

Vamos transformar palavras de morte em palavras de vida, exercitando nossa comunicação:

"Admiro quando se esforça para ir bem nas provas", em vez de "Você não gosta de estudar, por isso está indo mal";

"Sei que você arruma suas gavetas como ninguém", em vez de "Seu quarto está sempre desorganizado";

"Fico muito feliz quando me ajuda com as tarefas do jantar", em vez de "Nunca arruma a cozinha direito";

"Você consegue segurar esta caneca sem derramar o leite", em vez de "Você é sempre desajeitado".

A forma como damos ênfase às questões positivas do comportamento tem grande interferência na compreensão do outro, por isso vejamos o que tem saído de nossa boca.

3ª Linguagem assertiva - explicar os porquês e pedir uma confirmação

Até para nós adultos é mais fácil seguir uma regra ou um limite se sabemos o porquê de existirem. Com certeza, os bebês são muito pequenos para tal compreensão, mas é importante pelo menos que os adultos saibam os motivos dos limites que estão criando para seus filhos.

Para que um trabalho em equipe seja compreendido por todos, alinhar os motivos, expectativas e papéis faz parte de uma construção coletiva para garantir o engajamento de todos. Na individualidade, acontece o mesmo, garantiremos que a comunicação foi compreendida e também o engajamento pessoal se ao final também pedirmos uma confirmação. E aqui vai uma dica: perguntem "compreenderam"? Solicite o comprometimento das pessoas, assim há garantia maior de que as coisas acontecerão conforme acordado.

4ª Linguagem de sinais

É comum vermos as crianças jogarem objetos ou pratos e copos quando não desejam mais um alimento, por exemplo. Nem tudo é birra, pode ser apenas a falta de conhecimento para se expressar. Ela pode ajudar aos pais quando necessitarem também fazer uma correção em público, de maneira discreta. Os pais podem utilizar da linguagem brasileira de sinais como um ponto de partida ou criar seus próprios sinais. Briant (2004) nos conta em seu trabalho que isso não atrapalha no desenvolvimento da fala. Pelo contrário, facilita a comunicação e, assim que a criança começa a falar, podem ir deixando de usar aqueles sinais. Existem livros bem didáticos que podem ajudar os adultos a começarem a introduzir alguns sinais como, por exemplo: quer papá? Quer água? Vamos nanar?

Não há necessidade de "ensinar" os sinais às crianças, apenas façam os sinais e falem ao mesmo tempo. Aos poucos, as crianças começam a utilizá-los, o que facilitará muito em momentos em que elas não teriam outra forma de se expressar que não fosse o choro ou birra.

5ª Linguagem corporal, autocontrole e contato visual

Para Ezzo Gary e Anne Marie (2011), é importante demonstrar às crianças que, quando for necessário fazer alguma interrupção na fala de alguém, podem levantar a mão e esperar sua vez para falar. Em algumas situações, colocar a mão no ombro da mamãe ou do papai revela que precisa da atenção. Os pais podem demonstrar que compreenderam a necessidade balançando a cabeça e dando a atenção assim que for possível.

Também podemos usar as mãos para conseguir o autocontrole das crianças. Crianças muito agitadas precisam aprender a se autocontrolarem. Podemos ensiná-las a ter um momento de autocontrole pedindo que se sentem e cruzem as mãos por alguns minutos para compreenderem o que está acontecendo com seu corpo e com suas atitudes.

Olho no olho é outro recurso essencial para mantermos uma boa comunicação entre adultos e crianças, crianças e crianças, ou adultos e adultos. É importante não apenas ouvirmos com atenção o que o outro fala, mas também olharmos atentamente para o outro.

6ª O exemplo é a melhor linguagem

Já ouviram aquela frase "faça o que eu digo, mas não faça o que eu faço"? ou "a palavra convence, o exemplo arrasta"(Confúcio)? Quero enfatizar que de nada adianta passarmos horas ditando regras para nossos alunos e filhos se fazemos o contrário daquilo que pregamos.

Para Vinha (2000), "a educação moral ministrada em aulas específicas ou embasada principalmente no ensino verbal, por exemplo, transmitindo os ensinamentos da vida por meio de belas histórias infantis, apresentando exemplos de grandes personagens da história e da literatura ou mesmo valendo-se de lições verbais, não basta". Por isso é importante pensar em propostas na família e na escola em que haja o engajamento dos adultos e das crianças para ações efetivas de colaboração e solidariedade.

7ª Falando a mesma língua e comunicando quem somos

Ter uma comunidade falando a mesma língua diz respeito aos princípios e valores que constituem seus membros, e assim poderem desenvolver relacionamentos profundos, de colaboração e cooperação entre si.

Sabemos que somos únicos e que cada um traz em seu DNA um registro histórico familiar, porém, embora sejamos diferentes em muitas questões, para viver bem em uma comunidade é importante identificar quais são os pontos de interesse que unem aquelas pessoas àquele ambiente. Gary & Anne Marie Ezzo (2011) dizem que "em uma comunidade que se reúne com os mesmos propósitos, fica mais fácil vencer dificuldades, superar problemas, realizar conquistas e seguirem os mesmos objetivos, pois há o apoio entre seus membros".

Dessa forma, teremos uma comunidade forte, que sabe o que fala e consegue escutar as vozes das pessoas. Para isso, deixo aqui uma dica, retirada do caderno *Big Life Journal*, para que preparem um manifesto, seja ele familiar ou da turma da escola. Ele serve para trazer unidade e demonstra singularidade. Traz significado, assim como compartilha valores, crenças e atividades.

Manifesto da turma

1. Façam um *braimstorm* juntos: reúna a família ou sua turma e peça para anotarem respostas às seguintes perguntas: no que acreditamos? Como tratamos uns aos outros? Como celebramos momentos importantes? Quais atividades mais gostamos de fazer?
2. Quais regras e valores são inegociáveis para nós: honestidade, justiça, respeito etc.
3. Quais regras e valores são flexíveis: organização, horários etc.
4. Discutam: façam uma lista entre 10 e 20 respostas e votem em quais são as mais significantes para vocês.
5. Dê vida ao manifesto: veja uma das pessoas da família ou turma que goste de fazer atividades artísticas e criem um pôster bem bonito ou até mesmo que seja feito no computador.
6. Dê visibilidade ao manifesto: preencha-o com fotos ou imagens que representem o que foi mencionado e coloque-o em um local visível a todos.
7. Revisite e revise: ocasionalmente o manifesto pode ser atualizado, principalmente se ele vai acompanhar sua família ou turma por alguns anos.

Espero que este texto tenha contribuído para a compreensão da importância do uso de linguagens verbais e não verbais para expressarmos quem somos e nossas intenções, além de trazer à reflexão sobre a importância da escuta para a boa convivência e a construção de virtudes.

E para garantir que este capítulo transformará sua vida e docência, proponho que responda a algumas perguntas:

Quem é você?
_____

Qual seu legado de vida?
_____

Qual atmosfera o envolve?
_____

Como a forma com que você se comunica impacta sua vida e a do outro?
_____

A convivência em família e na escola pode ser fantástica, dentro de um ambiente de liberdade mútua, liberdade de posicionamentos e de pontos de vista, de autorresponsabilidade, a depender da comunicação que realizamos, podendo fluir de forma muito tranquila, harmônica, leve e cheia de reciprocidade positiva.

> *Ainda que eu fale as línguas dos homens e dos anjos, se não tiver amor, serei como o sino que ressoa ou como o prato que retine.*
> 1 CORÍNTIOS 13

Referências

BRIANT, M. Z. *Baby signs language basics. Early communication for hearing babies and toddlers*. Califórnia: Hay House Inc, 2004.

CHAPMAN, G. *As cinco linguagens do amor das crianças*. São Paulo: Mundo Cristão, 2017.

EZZO G.; BUCKNAN R. *Educando bebês* – série Educação com Sabedoria. Pompéia, São Paulo: UDF, 2011.

EZZO G.; EZZO, A. M. *A transição do infante: criando filhos de 2 a 3 anos*. Pompéia, São Paulo: UDF, 2011.

MENIN, M. S. de S. "Desenvolvimento moral: refletindo com pais e professores", in MACEDO, L. de (org.) *Cinco estudos de educação moral*. São Paulo: Casa do Psicólogo, 1996.

TOGNETTA, L. R. P. *A construção da solidariedade e a educação do sentimento na escola*. Campinas: Mercado de Letras/FAPESP, 2007.

VINHA, T. P. *O educador e a moralidade infantil: uma visão construtivista*. Campinas: Mercado de Letras/FAPESP, 2000.

22

COMO ALCANÇAR O EQUILÍBRIO EM DIFERENTES ÁREAS DA VIDA E VIVER UMA DOCÊNCIA EXTRAORDINÁRIA?

O desenvolvimento de habilidades socioemocionais proporciona autoconhecimento e competências técnicas e comportamentais para o professor. Neste capítulo, compartilho com você a RODA DA VIDA DO PROFESSOR EXTRAORDINÁRIO, uma ferramenta de *coaching* educacional para analisar seu estado atual e refletir sobre as ações necessárias para alcançar o bem-estar desejado em sua vida pessoal e profissional. Chegou a hora de dedicar um tempo para compreender as áreas da sua vida e buscar qualidade de vida, saúde emocional e uma docência extraordinária.

PAULA SOUZA

Paula Souza

15 anos de experiência em educação escolar, graduada em pedagogia, pós-graduada em psicopedagogia, graduanda em psicologia, *coach* educacional pela DNA Neuroeducação e Coaching, líder do Ministério Growing Families International (GFI), formadora e líder na Universidade da Família (UDF.org.br), diretora, gestora pedagógica e mantenedora do colégio Videira & Videirinha desde 2009 e pastora em Igreja Batista da Lagoinha.

Contatos
psico.paulasouza@gmail.com
Rede social: Psico_paulasouza
www.colegiovideirinha.com.br
www.colegiovideirajundiai.com.br
11 96756 1774

> *E conhecereis a verdade e a verdade vos libertará.*
> JOÃO 8:32

Disse Sócrates: "Conhecer a mim mesmo para saber como modificar minha relação comigo, com os outros e com o mundo". Para que haja um entendimento de nós, precisamos saber quem somos. Duas vertentes do conhecimento humano: primeiro a filosofia, com sua proposta de analisar racionalmente todas as coisas; depois, as ciências de cunho psicológico, com a finalidade de conhecer e aprender a lidar com as próprias emoções são extremamente importantes para que você tenha uma vida melhor e mais equilibrada. Entretanto, elas não dão conta de tudo.

Quando pensamos em uma vida plena, precisamos observar o mundo que nos cerca, a sociedade em que estamos inseridos, o que nos constitui enquanto cidadãos e o que nos faz pertencentes ao meio. Nós nos tornamos aquilo que acreditamos ser e dentro da realidade que desejamos estar. Enfim, deixar a vida mais leve e a rotina mais saudável só depende de você.

O autoconhecimento pelo *coaching* educacional nos proporciona estratégias para sermos resilientes frente a adversidades, focado em direção à nossa meta, seja ela na área financeira, emocional, espiritual ou mesmo no trabalho. Também estabelece em nós mais flexibilidade e estabilidade para lidar com as dificuldades. Entendemos o que está a nossa volta e nos organizamos estruturalmente para vivenciarmos esses momentos e compreendermos o quanto é necessário canalizar as nossas forças em determinadas áreas para que tenhamos êxito.

Segundo o Pr. Marcos A. Moraes, "Na Palavra de Deus, está contido desde o básico relacionado à minha vida até mesmo os segredos mais profundos do coração. Quando conheço o Autor da vida e Seu plano sobre nós, aprendemos a nos conhecer e como consequência exalar o melhor de nós naquilo que nos aplicamos a fazer. Essa identidade bem formada em nós, conhecida e adquirida pelo conhecimento da Palavra de Deus, nos dará maior segurança no exercício da nossa vocação e, como consequência, aprenderemos a nos deleitar mais na grande jornada que nós chamamos de vida".

A forma como cuidamos da nossa qualidade de vida faz total diferença em nossa relação cotidiana. Recomendo de tempos em tempos fazer uma análise sobre a **roda da sua vida**. Dedique tempo para obter essa qualidade.

Isso se torna possível quando nos deixamos experienciar pela nossa espiritualidade, por uma vivência que busca essa nuance entre as áreas da vida.

Professor, depois de compreender a importância de ter equilíbrio nas áreas da vida para viver uma docência extraordinária, é a sua vez de colocar em prática.

Para que sejamos excelentes, vamos pensar na sua vida integral, não somente no momento que está em aula ou executando sua docência no cargo que ocupa, pois você é um ser único e necessita de cuidados, por exemplo, na área espiritual, financeira, lazer, família e tantas outras. Cuidar intencionalmente das áreas da sua vida está intimamente ligado ao autocuidado, que trará equilíbrio e **saúde emocional**.

Essa ferramenta que será apresentada, querido professor, traz uma visão do quanto você pode desenvolver todas as áreas da sua vida e proporcionar sua tomada de consciência de que possui competências tanto técnicas quanto comportamentais para conquistar uma vida plena e extraordinária.

Desarme-se, esteja desejoso por algo novo, permita-se alavancar para essa plenitude, esteja aberto para que, por meio dessa potente ferramenta de *coaching* educacional, ouse viver acima da média, em novos padrões comportamentais, técnicos e emocionais que desenvolverão extraordinariamente sua vida pessoal e sua docência.

Convido você para embarcar nesse desafio e que seja prazeroso e provocante para a compreensão do seu "ponto cego". Faça sua autoanálise e pense no quanto é importante se conhecer melhor.

A **roda da vida do professor extraordinário** é um instrumento poderoso de autoavaliação porque permite que você analise e classifique cada uma dessas áreas segundo o seu momento atual e, com base nessas informações, possa trabalhar para elevar sua docência extraordinária.

Para isso, basta preencher a RODA DA VIDA DO PROFESSOR EXTRAORDINÁRIO a seguir com notas que variam de 1 a 10, sendo 1 o valor mínimo e 10 o máximo.

Dica: preencha a lápis, porque daqui algum tempo você poderá refazê-la e continuar seu trabalho de desenvolvimento pessoal

Agora que você já fez seu mapeamento, é hora de refletir. Faça estas poderosas perguntas baseadas no seu resultado e reveja as prioridades. Crie projetos nas diferentes áreas e trace planos de ação realizáveis para alcançar suas metas:

RODA DA VIDA
"O DESPERTAR DO PROFESSOR EXTRAORDINÁRIO"

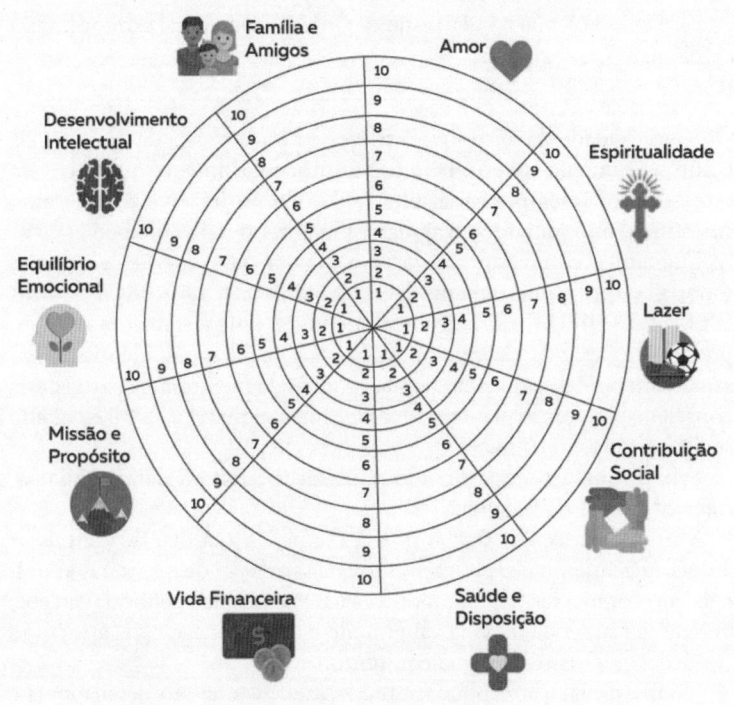

Roda da vida com as áreas: Família e Amigos, Amor, Espiritualidade, Lazer, Contribuição Social, Saúde e Disposição, Vida Financeira, Missão e Propósito, Equilíbrio Emocional, Desenvolvimento Intelectual.

1. Qual área da vida você deu a maior nota?

_____

2. Qual área da vida você deu a menor nota?

_____

3. Qual é a área que, se você der mais atenção a ela, trará mais felicidade e alavancará outras áreas?

_____

4. O que você pode fazer hoje para aumentar um ponto nessa área?

_____

5. Qual legado eu quero deixar para os meus alunos?

_____

6. Qual meu propósito de carreira?

_____

7. Onde e como eu quero estar como um profissional extraordinário daqui a 5, 10, 20 anos?

_____

A necessidade de se conhecer refere-se à consciência da sua essência como ser humano e é por meio desse autoconhecimento que você terá seu desenvolvimento pessoal pleno. Isso permitirá a você, professor, melhorar como indivíduo e ajudar a melhorar o outro também.

Quando você investe tempo para olhar para si mesmo e usa essa estratégia, que é a ferramenta RODA DA VIDA DO PROFESSOR EXTRAORDINÁRIO, perceberá que essa é uma ferramenta simples, poderosa e capaz de fazer potencializar suas habilidades, identificar seu estado atual e desejado além de seus pontos de melhoria. A partir dessa consciência, traçar os planos de ações se tornam mais fáceis e o resultado será uma vida em equilíbrio.

Sabe o que acontece quando você investe tempo para analisar as diferentes áreas da sua vida?

Sua vida vai sendo transformada diante da sua decisão de buscar autoconhecimento e experimenta aquela satisfação de que todas as descobertas como a ferramenta roda da vida vão fazendo sentido. Percebe, então, que sua roda da vida vai girando e as engrenagem (as áreas) vão se encaixando. Isso se chama equilíbrio.

Compartilharei um pouco sobre essas áreas que são desafiadoras e que, neste contexto, haja um despertar para o seu conhecimento para quais áreas são necessárias as mudanças. Compreenda seu plano de ação, crie estratégia para essa transformação e, se possível, tenha ao seu lado um especialista em desenvolvimento humano, um *coach* educacional.

Vamos falar dessas áreas e, então, como equilibrá-las?

Área espiritual: saber que Deus nos proporciona cada segundo para ser bem aproveitado é uma das maneiras de enxergar essa área da perspectiva de que tudo o que façamos seja para nosso bem-estar e dos que corroboram conosco nessa jornada. A nossa fé precisa ser inabalável. Ela é a bússola que rege a nossa vida. O autor e o consumador da nossa fé está sempre de braços abertos e atento a nós em todos os momentos. Basta nos conectarmos com Ele.

Família e amigos: nos dias atuais, falar em qualidade de vida é olhar o que você faz enquanto não está se dedicando ao trabalho. Por exemplo: seu tempo em família, o que remete à sua história, onde se refugia, o tempo de qualidade que passa com seus filhos, seu marido ou sua esposa, com os amigos, nos encontros nas horas das refeições, as conversas, os momentos de descontração, as brincadeiras, ver fotos antigas, ter um *pet*, sonhar, planejar uma viagem. Invista tempo, crie estratégias para se reunir com seus amigos e familiares.

Desenvolvimento intelectual: na teoria do desenvolvimento intelectual, Vygotsky acredita que todo conhecimento é construído socialmente, no âmbito das relações interpessoais. A teoria é baseada no desenvolvimento pessoal como resultado de processos histórico-sociais, enfatiza o papel da linguagem e da aprendizagem neste desenvolvimento, e a teoria é considerada história social. O professor deve estar em constante aprendizado, ele é facilitador desse conhecimento e estimula seus alunos nessa construção de saberes.

Missão e propósito: pensemos no propósito do professor extraordinário: sabemos que é uma profissão que exige preparação, conhecimento, pesquisa, tempo e dedicação. Seu principal objetivo é ensinar, por isso entende-se que esse caminho é desafiador, requer não só o desenvolvimento cognitivo, mas também as habilidades socioemocionais para alcançar ações mais efetivas e empáticas ao educar. À medida que se conquista esse vínculo com os alunos, acontece uma grande admiração por parte deles.

> *O amor é paciente, o amor é bondoso. Não inveja, não se vanglória, não se orgulha. Não maltrata, não procura seus interesses, não se ira facilmente, não guarda rancor. O amor não se alegra com a injustiça, mas se alegra com a verdade. Tudo sofre, tudo crê, tudo espera, tudo suporta.*
> 2 CORÍNTIOS 13: 4-7

Amor: amor-próprio é autoestima. É a aceitação completa de qualidades, defeitos, conquistas, fracassos, escolhas e experiências de vida. Pessoas apaixonadas por si entendem que não são perfeitas e cometem erros, e estão dispostas a progredir.

Lazer: um dos prazeres da vida é poder desfrutar das coisas que estão à nossa disposição, como cinema, teatro, um bom restaurante, uma rede, olhar o pôr do sol, uma partida de futebol, uma boa música, viajar... tudo isso está aí para que possamos nos divertir e descansar. Aproveite das coisas que a vida lhe proporciona.

Vida financeira: vamos pensar agora sobre outra área, a financeira, que traz às vezes até insônia em alguns momentos. Quem já passou alguma noite em claro pensando que não teria como arcar com alguma dívida ou talvez em algum outro momento passou a ser irrelevante?

Você já parou para pensar por que alguns colegas de trabalho têm uma vida plena nessa área e outros profissionais que têm o mesmo salário vivem endividados? Pois bem, para uma vida extraordinária nessa área, talvez seja necessária uma ajuda, repensar os custos, buscar soluções e não gastar mais do que ganha. Se neste momento está acontecendo isso, pense que um planejamento financeiro é essencial.

Saúde e disposição: como você está se dedicando a sua saúde e o quanto tem cuidado do seu físico? Isso também é muito importante. Manter os exames periódicos, cuidar da saúde é a melhor maneira de prevenção. Busque uma alimentação saudável, comer na hora certa, dê preferência para alimentos naturais, beba água, exercite o corpo, faça uma caminhada, uma corrida.

Contribuição social: como você contribui com o mundo por meio de suas habilidades? Citarei o exemplo de Madre Teresa de Calcutá, missionária albanesa, indiana naturalizada e fundadora da Sociedade Missionária de Caridade cujo encanto é servir aos mais pobres vivendo o evangelho de Jesus Cristo. Em 2015, ela fundou uma congregação com mais de 5.000 membros em 139 países. O trabalho da vida de Madre Teresa foi reconhecido por instituições indianas e ganhou o Prêmio Nobel da Paz em 1979. Qual será o seu legado?

Vivemos muitas vezes uma vida frenética e não paramos intencionalmente para analisar as diferentes áreas da vida, apenas seguimos no piloto automático. Pesquisas indicam um grande número de professores afastados por problemas de saúde, principalmente emocionais e mentais. Infelizmente, muitos professores sabotam seus sonhos e sua qualidade de vida.

Recomendo que declare diariamente sobre sua vida "Eu sou extraordinário" e visualize ações extraordinárias em cada área da sua vida. Decida estar 100% comprometido com sua felicidade e **saúde emocional.**

Espero que você possa pela ferramenta RODA DA VIDA DO PROFESSOR EXTRAORDINÁRIO alcançar o equilíbrio entre as áreas da sua vida.

Desejo que a sua vida pessoal e docência se tornem ainda mais extraordinárias porque tudo que precisa está dentro de você: autoconhecimento.

Referências

BÍBLIA. Português. A Mensagem: Em versão contemporânea. Eugene H. Peterson; [supervisão exegética e teológica Luiz Sayão]. São Paulo: Vida, 2011.

BROWN, B. *A coragem de ser imperfeito*. Rio de Janeiro: Sextante, 2013.

ROCHA, D. *Caixinha coaching para professores*. São Paulo: Editora Matrix, 2019.

23

MÉTODO VER
UM NOVO OLHAR
PARA O FUTURO
DOS PROFESSORES

Este capítulo traz o Método VER, criado para despertar o comportamento empreendedor nos professores e alunos. O método conta com um conjunto de ações que visam dar mais visibilidade à trajetória do professor, valorizar sua história, ampliar possibilidades na carreira e fortalecer sua importância na formação integral das pessoas.

SAMIA MELIKIAN

Samia Melikian

Educadora socioemocional, especialista em pedagogia empreendedora, comunicação assertiva, negociação e mediação de conflitos. Em 2015, a fim de reforçar o papel do professor como importante condutor dos alunos nas experiências de aprendizagem, criou o Método VER - Vivenciar, Empreender e Realizar - uma abordagem lúdica e enxuta das ferramentas de metodologias ativas de aprendizagem e *design thinking*. O método VER apoia professores e alunos na criação de seus futuros desejados, trazendo a colaboração, a empatia e o uso da tecnologia como base para a conquista de liberdade geográfica, emocional e financeira. Sua estrutura também ajuda na adaptação dos envolvidos aos diversos formatos de acesso e utilização do conhecimento no mundo atual e aborda temas como autoconhecimento, criatividade e empatia relacional, entre outros. O método foi criado para se adaptar a programas que atendem a indivíduo, grupos ou empresas.

Contatos
www.samiamelikian.com.br
educom@samiamelikian.com.br
21 98876 2693

Eu tinha oito anos. Era dezembro, época de renovar os votos, doações e esperar ansiosamente o presente do Papai Noel. O bom velhinho trouxe exatamente o que eu tinha pedido na cartinha. Fiquei feliz e grata.

Mas o que realmente me encantou foi o quadro escolar de 1,5m de largura e um vidro de maionese cheio de giz colorido que herdei de uma prima. A moldura estava velha e não havia nenhum giz inteiro sequer, mas, naquele momento, lembrei que não usaria mais a porta do armário como quadro nem os cabides como alunos. Uma alegria tão grande tomou conta de mim, como se o Papai Noel tivesse apoiado a ideia de eu ser professora.

Eu cresci ouvindo que a carreira a escolher era para a vida inteira e que, então, devia ser próspera, promissora e de sucesso. Por isso, ser professora não chegou a ser uma opção, ao ouvir os ecos das frases sobre os docentes: "Essa profissão nesse país não tem futuro" ou "Tem que trabalhar em mais de uma escola e ninguém valoriza", entre várias que me levaram a outras decisões.

Quando adultos, percebemos que, como a nossa primeira experiência social é a família e a comunidade que a cerca, nosso autodesenvolvimento passa por caminhos impregnados de crenças limitantes, regras, padrões e conceitos que, certamente, subtraíram de mim alguns bons anos de realização profissional.

Até que a maternidade me fez criança de novo.

A gestação de terceiro projeto

Foi em 2008, um ano que me trouxe pressa de viver o melhor da vida. Uma gestação de risco e o nascimento prematuro da minha segunda filha me mostraram verdades. Embora com uma carreira próspera e sólida, sob um pseudossucesso profissional, eu não tinha tempo para atender as demandas dos dois maiores projetos que criei na vida: minhas filhas. Eu tinha reconhecimento, mas faltava paz.

Foto: Laura Brito.

Eu não abriria mão de mais um sonho: estar com minhas filhas o máximo de tempo que pudesse durante as 24 horas do dia, ainda que algumas vozes me lembrassem da necessidade financeira e de outras lutas ainda necessárias para a valorização de nós, mulheres.

O fato é que a urgência de viver os meus próprios sonhos me encorajou a seguir como empreendedora na área de treinamento e desenvolvimento, unindo a educação às pessoas.

Nesse trajeto, conheci mulheres que estavam em transição de carreira, que foram demitidas após a maternidade e outras que buscavam renda extra mensal. Dessas últimas, 70% eram professoras.

Ao me deparar com o desafio de melhorar a qualidade de vida daquelas professoras, me pus diante daquela menina de oito anos e lhe perguntei com um sorriso afável: "O que você queria ser enquanto estava crescendo?" E ela, emocionada, me respondeu baixinho no ouvido: "Você sabe. Ainda dá tempo de ser você mesma e ser feliz".

Meu coração bateu tão forte que calou todas aquelas vozes que alegavam a vida sofrida e mal remunerada dos professores e ainda realçou o prazer de estar ajudando mais mulheres.

Naquele momento, abracei o sonho de transformar a vida daquelas professoras, atendendo ao propósito que me dedico até hoje: resgatar as crianças interiores das pessoas, trazendo autoconfiança e autoestima para fortalecer os adultos que vivem nelas.

Com a coragem de uma menina, me dediquei durante meses a pesquisas e estudos que culminaram num plano de ação para levar a educação empreendedora e emocional para escolas e famílias a fim de estimular um olhar mais atento e escuta ativa para as vivências das pessoas, oportunizando autorresponsabilidade e autonomia na criação de futuros que tragam aquilo que realmente as realizem pessoal e profissionalmente.

Para isso, criei o Método VER: um plano de ação para projetos educacionais que conecta, de forma consciente, professores, alunos e famílias.

O método nasceu em fevereiro de 2015 e, para alegria de todos, já deu filhos, netos e bisnetos.

Um método com um novo olhar para o professor

O Método VER é composto por 3 etapas: Vivenciar, Empreender e Realizar que trabalham, de forma interdisciplinar, temas referentes ao autoconhecimento, educação empreendedora e comunicação integrada.

Com o intuito de treinar habilidades e desenvolver competências empreendedoras, comunicativas e socioemocionais, o método VER tem uma abordagem lúdica e interativa que conduz tanto o corpo discente quanto o docente a reflexões, ressignificações e à realização de seus projetos com autonomia.

Por isso, a dinâmica do método é a Comunicação AIA (afetiva-interativa-assertiva). Nesse contexto, os envolvidos conhecem histórias de vida, interesses, desejos, talentos, frustrações e objeções de forma leve e não violenta. Ao propor que a espontaneidade e a autenticidade se pronunciem, o aprendizado fica mais natural e harmoniza o ambiente escolar e familiar com diálogos empáticos.

As etapas do Método VER

1. **VIVENCIAR** – Autoconhecimento

Esta etapa é para estimular o autoconhecimento dos participantes pela reflexão sobre crenças e atitudes no cotidiano e favorece o reconhecimento da própria postura empreendedora.

- **Assuntos propostos:** ética, valores, atitudes, comportamentos, crenças, padrões, empatia, inteligência emocional, entre outros.
- **Ferramenta principal** utilizada nessa etapa: Ciclo do Auto – autoconhecimento, autoconfiança, autonomia e autoestima.

CICLO DO AUTO

- AUTOCONHECIMENTO
- AUTOCONFIANÇA
- AUTOESTIMA
- AUTONOMIA

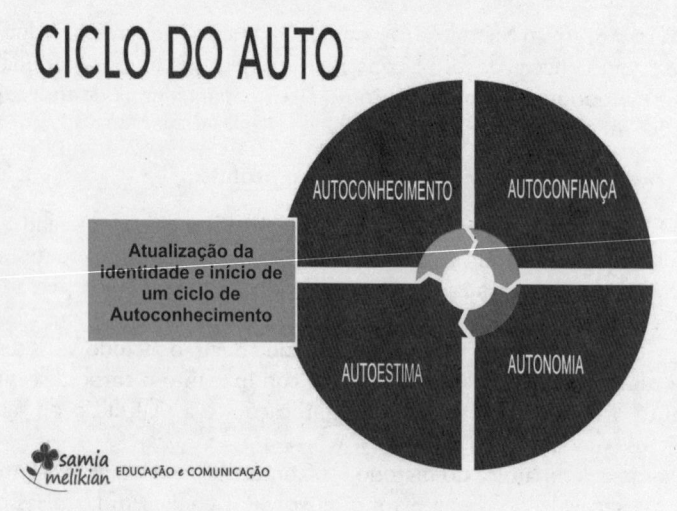

Atualização da identidade e início de um ciclo de Autoconhecimento

samia melikian EDUCAÇÃO e COMUNICAÇÃO

2. EMPREENDER - Ação e Motivação

Esta etapa visa promover atitudes e iniciativas de empreendedorismo entre os participantes e desperta uma visão prática de suas potencialidades e de como aplicá-las.

- **Assuntos propostos:** cooperação, colaboração, comprometimento, gestão de tempo, trabalho em equipe, foco, produtividade, qualidade, entre outros.
- **Ferramenta principal** utilizada nessa etapa: Matriz Estrela – para gestão de projetos.

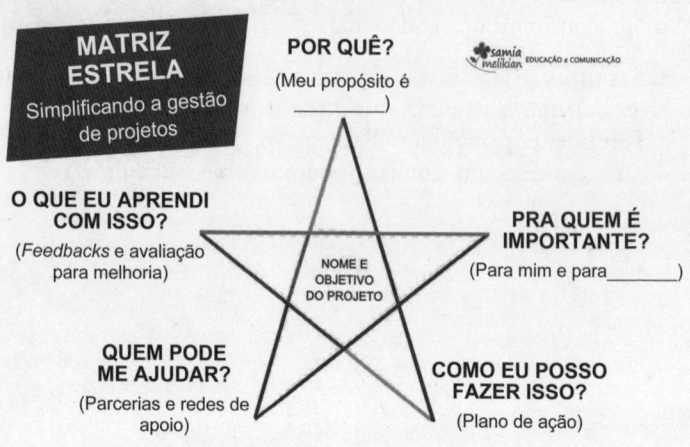

MATRIZ ESTRELA
Simplificando a gestão de projetos

samia melikian EDUCAÇÃO e COMUNICAÇÃO

POR QUÊ?
(Meu propósito é _____)

O QUE EU APRENDI COM ISSO?
(*Feedbacks* e avaliação para melhoria)

PRA QUEM É IMPORTANTE?
(Para mim e para_____)

NOME E OBJETIVO DO PROJETO

QUEM PODE ME AJUDAR?
(Parcerias e redes de apoio)

COMO EU POSSO FAZER ISSO?
(Plano de ação)

3. REALIZAR – Comunicação Integrada AIA

O objetivo desta etapa é desvendar uma visão ampla sobre o desenvolvimento e crescimento pessoal, social e profissional diante dos novos formatos de trabalho e suas relações atuais, assim como as diferentes ações nos variados meios de comunicação.

- **Assuntos propostos:** sustentabilidade, relações interpessoais, comunicação, assertividade, liderança, economia colaborativa, ensino a distância, entre outros.
- **Ferramenta principal utilizada nessa etapa:** Canvas – modelo de projetos ou negócios.

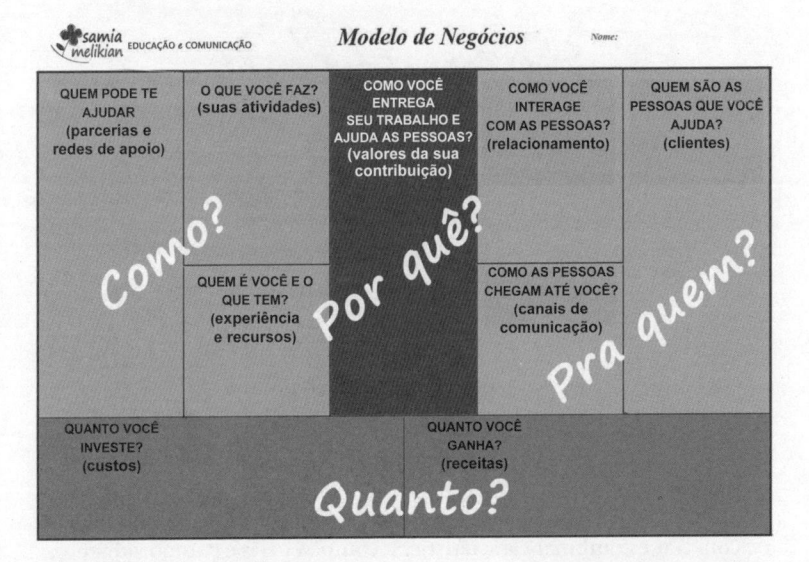

Modelo de Negócios

QUEM PODE TE AJUDAR (parcerias e redes de apoio)	O QUE VOCÊ FAZ? (suas atividades)	COMO VOCÊ ENTREGA SEU TRABALHO E AJUDA AS PESSOAS? (valores da sua contribuição)	COMO VOCÊ INTERAGE COM AS PESSOAS? (relacionamento)	QUEM SÃO AS PESSOAS QUE VOCÊ AJUDA? (clientes)
	QUEM É VOCÊ E O QUE TEM? (experiência e recursos)		COMO AS PESSOAS CHEGAM ATÉ VOCÊ? (canais de comunicação)	
QUANTO VOCÊ INVESTE? (custos)			QUANTO VOCÊ GANHA? (receitas)	

Como? Por quê? Pra quem? Quanto?

De Professor a "Empreenfessor"

O Método VER foi validado dentro de princípios pedagógicos, experiências, práticas e conceitos aplicados nos projetos Educação, documentados por instituições e órgãos como Sebrae, Casa do Empreendedor, redes de ensino (púbicas e privadas), bem como nas ONGs Junior Achievement, voltada ao empreendedorismo jovem, e a Rede Mulher Empreendedora e seus programas, com foco no empreendedorismo feminino.

Como extensão deste método, criei o Sistema VER Empreenfessores para dar suporte aos professores empreendedores de suas carreiras e para as instituições de ensino que investem na capacitação profissional e qualidade de vida e bem-estar de sua equipe.

Em 2020, após rotinas e formatos de trabalho alterados pela pandemia, foram incorporados ao Sistema VER Empreenfessores um projeto de letramento digital e um selo chamado EduComTec, para oferecer parceria entre especialistas interdisciplinares e professores.

A proposta dessas ações é levar mais "empreenfessores" para a internet, ampliando seus horizontes profissionais, motivando-os a buscar oportunidades ao adotarem atitudes empreendedoras e exponenciando a conexão com os alunos e familiares.

Percorrendo essas 3 etapas, o Método VER cumpre sua finalidade de conectar e combinar características, competências e comportamentos para a realização pessoal e profissional das pessoas.

Agradecimentos

Este capítulo é dedicado, com gratidão, aos queridos mestres Jorge Bezerra Nunes, Denise Nunes, Isnard Manso Vieira e Renata Heringer, que me inspiram e sempre tiveram uma intensa e imensa participação na minha trajetória para cumprir essa missão como EMPREENFESSORA.

Referências

ANTUNES, C. *As inteligências múltiplas e seus estímulos*. 8. ed. Campinas: Papirus, 2019.

ANTUNES, C. *Jogos para a estimulação das inteligências*. 20. ed. São Paulo: Vozes, 2014.

FREIRE, P.; FREIRE, A. *Pedagogia da esperança*. 29. ed. São Paulo: Paz e Terra, 2020.

FREIRE, P. *Pedagogia do oprimido*. 78. ed. São Paulo. Paz e Terra, 2019.

GADOTTI, M. *Convite à leitura de Paulo Freire*. São Paulo, Scipione, s/d.

GARDNER, H. *Inteligência: um conceito reformulado*. Rio de Janeiro: Objetiva, s/d.

GARDNER, H. *O verdadeiro, o belo e o bom*. 1. ed. Rio de Janeiro: Objetiva, 1999.

GIOVEDI, V. *A concepção de ensino* - aprendizagem de Paulo Freire - Fundamentos teórico-filosóficos. 1. ed. São Paulo: APGIQ, 2019.

SILVA, T. *O sujeito da educação*. São Paulo: Vozes, s/d.

VEIGA-NETO, A. *Foucault e a educação*, Ed. Autêntica.

24

GINÁSTICA CEREBRAL NO DESEMPENHO PROFISSIONAL DO DOCENTE

> *Aprendi com a Ginástica Cerebral a gerenciar minhas emoções e a desenvolver novas habilidades. Elevou minha autoestima e autoconfiança, pois o treino potencializou o raciocínio lógico, agilidade mental, criatividade e atenção. Tais experiências melhoraram meu desempenho profissional pessoal*
> PROFESSORA NADIR EVANGELISTA

SILVIA DONÁ

Silvia Doná

Franqueada da rede Supera Ginástica para o Cérebro de Sumaré/SP; neuropsicopedagoga; palestrante; *master coach* com especialização em *Positive* e *Executive Coaching* pela Sociedade Brasileira de Coaching; *kid coach* pela Rio Coaching e *parental coach* pela The Parent Coach Academy UK; especialização em Comunicação Autêntica pelo Instituto Tiê; Comunicação Não Violenta para Filhos pelo Instituto de Humanidade TeApoio; certificação internacional em *Parent Coaching for Parent Who Want to Excel* por Lorraine Thomas; contadora de histórias, casada e mãe do Pedro e da Sophia.

Contatos
silviah.dona@gmail.com
Facebook: silviadonacoach
Instagram: @silviadonacoach
19 98735 0380

Ser grato pelos acontecimentos na vida, mesmo nas situações desagradáveis, frustrantes e doloridas é desafiador, no entanto o sentimento de gratidão traz leveza e bem-estar na nossa trajetória. Lembrar que há um propósito maior, algo para contribuir e aprender pela gratidão diária, torna a nossa jornada mais plena, intensa e próxima à missão de educar para transformar vidas.

E foi num desses momentos de gratidão que descobri a ginástica cerebral em 2018. Percebi que continuaria minha missão de vida de um jeito diferente de fazer, impactando a área mais importante para mim, a da educação. Educamos o tempo todo e muitas vezes inconscientemente e, esse desejo de educar é extraordinário, pois é nele que gera o desenvolvimento, desempenho e evolução do ser humano.

Neste capítulo vou apresentar a importância de se autoperformar por meio da aquisição de novos conhecimentos, de pensar fora da caixa, da persistência, de realizar desafios variados, de técnicas e treinos com a ginástica cerebral. Profissionais na área da educação percebem positivamente sua evolução comportamental e cognitiva, o que os estimula a busca constante de aprimoramento humano sendo fundamental para a realização profissional frente à demanda que atua diariamente com corpo docente e estudantes e seus familiares.

Neurociência e a Ginástica Cerebral

Você sabia que o cérebro tem cerca de 84 bilhões de células nervosas que são chamadas de neurônios? E que a ciência que estuda o sistema nervoso cerebral é denominada de Neurociência? A neurociência tem muito ainda a desvendar sobre nosso querido cérebro.

Quando exercitamos os neurônios por meio de aprendizados que apresentam **novidade, variedade e desafio crescente** tais células se conectam por meio das sinapses (ligações neurais), que são impulsos nervosos que viajam entre as células e dão apoio ao conhecimento, à capacidade de aprendizagem e ao crescimento da inteligência. De acordo com Buzan (2009), um neurônio se conecta instantaneamente com outros 10 mil neurônios.

Isso demonstra, professor, que quanto mais exercitamos o cérebro, mais se obtém dele, mais ele tem a oferecer. Por meio de experiências desafiadoras, agradáveis ou não que vivenciamos, mais nos tornamos ativos, resilientes, criativos nas possibilidades de superação. Quanto maior é a busca de aprimoramento comportamental do docente, maior será sua *performance* (capacidade que o profissional tem sobre seus limites e de aceitá-los sem permitir o comodismo, fazendo intervenções necessárias para o desenvolvimento de habilidades que o conduzirá a um bom resultado). As experiências vividas nessa busca são essenciais para que sua saúde cognitiva (capacidade de equilibrar emocionalmente, de raciocinar, de memorizar, de criar, de imaginar) esteja saudável.

Então, como está sua saúde cognitiva, professor?

Pesquisas mostram que muitos profissionais docentes trabalham em mais de um turno para complementar a renda financeira, levando-os às jornadas exaustivas.

Essa exaustão prejudica a saúde cognitiva e traz consequências preocupantes como doenças relacionadas à ansiedade, ao estresse, às dores de cabeça e às insônias frequentes, às dores nos membros, aos lapsos de memória, à intolerância, à síndrome de burnout, depressão, às alergias, além de outros fatores expostos na sociedade.

Por esse cenário, brotam outros problemas como o aumento da desestruturação familiar, do isolamento social, do desequilíbrio emocional e espiritual, desestabilizando e comprometendo o desempenho no papel de educador tornando-o improdutivo, estressante. Gera-se o sentimento de incapacidade nas atribuições do profissional nas instituições de ensino e infelicidade.

Essa situação afeta de forma negativa sua saúde cognitiva dificultando para o educador de atingir seus resultados no trabalho.

A saúde cognitiva saudável ajuda o cérebro a comandar o organismo humano (processos de aprendizagem, emoções, pensamentos, coordenação motora...). E o que fortalece e protege a saúde cognitiva são os exercícios cerebrais realizados durante nossas experiências de vida.

Para isso, educador, mesmo no cotidiano agitado, é importante praticar os exercícios cerebrais que fortalecerão essa máquina magnífica, o cérebro e, te ajudará a ter mais leveza e significados nas suas ações diárias.

Então, já entendemos que exercícios cerebrais durante as vivências contribuem para se ter uma boa saúde cognitiva. Agora, é necessário entender como você está neste momento, seus sentimentos, sua produtiva, sua concentração, sua autoestima, sua saúde. Pare um pouco, reflita e, se quiser, anote as respostas que surgem dentro de você. Depois desse momento, é aceitar este estado que se encontra hoje, seus medos, anseios, limitações sem prejulgamentos, reconheça e aceite com genuidade e generosidade, só assim poderá analisar as possibilidades para ter tomadas de decisões mais assertivas sobre seu desempenho profissional e conseguir ser feliz na profissão, com habilidades para impactar as pessoas à sua volta.

Talvez você esteja pensando que por ter uma vida agitada, acelerada e que não para um minuto, já faz diariamente exercício cerebral, não é mesmo? Infelizmente, vou te frustrar, pois a ginástica cerebral adequada, mesmo com o agito cotidiano, proporciona capacidades mentais para obter mais qualidade e consciência nas execuções das suas atribuições docentes.

Imagine você desempenhando seu papel com mais concentração e foco, mesmo com distrações externas. Imagine você lembrando as inúmeras ações (importante e ou não) a serem realizadas no dia a dia. Imagine você gerenciando suas diversas emoções e pensamentos que desestabilizam seu estado pessoal e profissional. Imagine vivendo com mais intensidade os momentos importantes e conseguindo apreciá-los. Imagine como seria seu olhar para si mesmo. Com certeza, estaria em um cenário de satisfação própria.

Infelizmente, muitos profissionais preferem jornada agitada e exaustão do que a mudança de comportamento, a autoperformar. Decidem deixar o cérebro assim, na zona de conforto, a continuar na rotina. A rotina sem variedade e novidade impede o surgimento de novas conexões neurais e o desenvolvimento de novas habilidades, deixando seu cérebro "preguiçoso" em encontrar estratégias rápidas para resolver situações conflituosas no trabalho, não tem esforço para criar e buscar novas possibilidades e flexibilidade mental. Conhece algum profissional assim?

Mas se está lendo este capítulo, é por que tem o desejo de mudança. Sendo assim, vou te passar outra informação importante. Você sabia que a partir dos 27 anos, inicia uma nova fase natural da vida? O processo de declínio cognitivo ou mental (lentidão nas habilidades cognitivas como a memória, raciocínio lógico, dificuldade na resolução de problemas, baixa concentração...).

E aí você questiona:

— Silvia, você enlouqueceu, primeiro fala da importância de ter uma saúde cognitiva saudável e que vai melhorar na minha *performance* profissional e pessoal e agora informa que há o declínio mental? Então não adianta nada me esforçar, vou ficar na minha zona de conforto mesmo.

Eu sei que você não ficaria mesmo na zona de conforto. Como eu disse, o declínio cognitivo faz parte da vida. E se você tem acima de 27 anos, ficou bem pensativo nessa informação. Esse processo não é tão rápido assim, vai acontecendo conforme vamos envelhecendo. Esse é mais um motivo para entender que, quanto mais exercitar seu cérebro, mais áreas cerebrais ativar, mais vivências tiver, mais lento ficará o declínio.

Professor, você é um especialista na área do conhecimento e criatividade. Durante sua jornada profissional, busque ampliar habilidades diferentes da sua profissão, como fazer um curso de dança, ouvir um estilo de música diferente do habitual, aprender uma cultura nova, viajar, aprender outras línguas, aprender sobre novas áreas que não atua, mas que enriquece sua profissão, conheça pessoas diferentes, toque um instrumento e assim uma infinidade de novas experiências que impactará também dentro da sua sala de aula ou em reuniões de equipe. Inove sua "rotina de trabalho" com algumas ideias descritas neste parágrafo, por exemplo: coloque uma música na sala de aula e dance com seus alunos, pesquise com eles uma cultura diferente, coloque uma música ambiente que todos gostem. Se divirta mais, com certeza **novos hábitos saudáveis geram resultados melhores.** Só depende de você.

Isso também é ginástica cerebral. Quanto mais exercita seu cérebro, mais saudável, mais ativo e pensante ele estará, favorecendo muito o estilo de vida. Seu cérebro produzirá os "hormônios do prazer" (a dopamina, serotonina, endorfina e a ocitocina), que são substâncias químicas essenciais produzidas por ele, imprescindíveis para o desempenho de diversas funções físicas e psicológicas, e estão relacionadas às sensações de motivação, alegria, euforia e ao bem-estar geral.

Isso é cuidar da saúde mental.

Já entendemos até agora sobre a importância da ginástica cerebral para seu desempenho profissional, certo? Então, vamos experimentar algumas vivências que fortalecerão sua saúde cognitiva. Sem a experiência não há aprendizado, bora praticar.

Pense! O que precisa aprender para ter mais êxito e atingir os resultados almejados na área da educação? Estar mais focado e concentrado? Estimular a memória? Ter raciocínio rápido? Desenvolver empatia, tolerância, autoestima, autoconhecimento, autoconfiança, autonomia, criatividade?

A seguir, vou dar 5 dicas que poderão fazer com facilidade e que contribuirão de forma prática neste momento teórico.

Cinco dicas de ouro para iniciar sua *performance*

1. autoavaliação profissional

Em um local tranquilo, faça uma autoavaliação profissional. Escreva em uma folha de papel: "Meus Diferenciais" (aquilo que você faz com excelência, se não sabe, anote o que as pessoas comentam sobre você). Na frente de cada habilidade, escreva quais comportamentos aparecem, por exemplo: SOU ORGANIZADO — todos os dias, antes de sair da escola, organizo o material que utilizei na sala com os alunos e o que usarei no dia seguinte. Este exercício potencializa ainda mais seus diferenciais.

Na segunda folha, escreva: "Pontos a Desenvolver", aquelas habilidades que precisa aprender ou aprimorar, por exemplo: FOCO — quando eu faço o planejamento de aula, me distraio com as conversas paralelas dos colegas de trabalho, com o som das notificações do celular, inicio outras atividades não urgentes, pois não consigo falar *não* para as pessoas que pedem um favor.

Te desafio a colocar no mínimo 5 habilidades em cada folha.

Pronto? Guarde essas anotações, pois muitas outras serão incluídas e, conforme as realiza, faça uma marca na frente de cada uma, para sentir a satisfação do esforço realizado.

Olhe para "Pontos a Desenvolver" e pergunte qual habilidade que desenvolvendo primeiro impactará positivamente na maioria das demais habilidades. Agora escreva o que fará para desenvolvê-la, pense em todas as possibilidades, independente se poderá ou não realizar. Tenha um leque de opções. Exemplo: FOCO: estipular tempo para realizar o planejamento, neste momento desligar o celular, informar as pessoas que não poderá ajudá-las no momento. Treine, treine, treine seu cérebro. Aos poucos, terá um hábito saudável.

Coloque a data que deseja iniciar o aprendizado para desenvolver tal habilidade, assim você se autocompromete e inibe os distratores internos (pensamentos, procrastinação, medos) e externos (TV, celular, família, amigos).

2. Neuróbicas

Exercite as neuróbicas que são exercícios que te desafiam a atingir resultados de maneiras diferentes. Tira seu cérebro da zona de conforto e do automático, contraria sua rotina por meio de atitudes desafiantes, inovadoras, complexas e divertidas.

Nas ações rotineiras, procure exercitar o seu lado não dominante, ou seja, se você é canhoto, execute mais com o lado direito e vice versa. Caso você tenha habilidade de fazer ações com os dois lados, veja qual tem maior dificuldade para executar determinada tarefa e foque nele. Veja alguns exemplos: carregar a bolsa, escrever pequenas frases na lousa, abrir e fechar porta da sala de aula, entregar algum material para o aluno, lavar a louça, trocar de roupa. Saia da rotina, professor, faça contas de matemática mentalmente, evite calculadora, use o ábaco (ferramenta milenar para cálculos matemáticos); realize um percurso diferente ao ir à escola; ande no escuro. Se divirta consigo mesmo e com seus estudantes.

Coloquei uma neuróbica com elástico para você se divertir exercitando no *link* a seguir: https://bit.ly/2Xp4rMo

3. Mnemônicas

Anda esquecido? Utilize as mnemônicas, que são técnicas de memorização.

A Mnemônica de Memorização por Contação de História estimula a imaginação, criatividade, organização de ideias, sequência, estratégia e humor.

Durante 1 minuto, leia várias vezes o que precisa memorizar (senhas, listas, figuras, siglas). Agora use sua criatividade e invente uma história. Quanto mais mirabolante for a sua história, mais fácil se lembrará.

Exemplo: senha 2GDC3U – 2 Gatos Doidos Comiam 3 Uvas. Esta técnica por ser usada para lugares que precisa ir ou ações importantes do dia. Crie a sua história.

4. Intervalos

Nós, docentes, estudamos muito. Os intervalos relaxam a tensão muscular e mental que se acumula em períodos de grande concentração. O tempo para a boa memorização e compreensão do conteúdo é de 20 a 50 minutos. Quando não há intervalos entre os aprendizados, tem-se a sensação de que leu algo, mas não conseguiu se lembrar do conteúdo, não é mesmo?

Então crie intervalos de 5 a 10 minutos, saia do ambiente de estudo, faça outra atividade oposta ao que está fazendo. Pausa para um chá, uma volta no quarteirão, ouça uma música, exercite o cérebro com palavras cruzadas, sudoku, dentre outros. Perceberá a leveza mental e melhor resultado.

5. Tangram

Tangram é um quebra-cabeça chinês, contém 7 peças em formas geométricas. Estimula o lado esquerdo do cérebro (lógica) e o lado direito (informações abstratas); auxilia na resolução de problemas, permite orientação visuoespacial, pensamento lateral, coordenação motora e criatividade.

Se não tiver nenhum Tangram, assista o *link* abaixo e confeccione o seu, rápido e fácil: https://bit.ly/3EmhDCH

Depois que confeccionou seu quebra-cabeça, coloque todas as peças em cima de uma mesa. Seu desafio é montar um quadrado por vez de acordo com o número de peças solicitadas abaixo. Obs.: não existe quadrado com Tangram de 6 peças. Bora treinar?

Monte um quadrado com:
2 peças;
3 peças;
4 peças;
5 peças;
7 peças.

Para este exercício, é necessário tempo, persistência e treino.

Benefícios da Ginástica Cerebral para o docente

Bem, querido parceiro da área da educação, vimos neste capítulo os benefícios ao exercitar seu cérebro de forma eficaz. Busque expandir seus conhecimentos a seu favor, por meio de tanta tecnologia que temos na atualidade. Lembre-se de que um cérebro ativo é sinônimo da serenidade nas tomadas de decisões; autoestima elevada no que acredita; é ter autoconfiança no seu papel de educar; é ser autônomo; é ter maior concentração e resiliência frente às diversas distrações e imprevistos no âmbito educacional; desenvolver boa memória para recordar e memorizar as experiências vividas; é ter agilidade de raciocínio em criar estratégias; flexibilidade mental para pensar nas possibilidades para atingir objetivos; criatividade e imaginação para lidar com assuntos novos e desafiadores; inteligência emocional para gerenciar emoções estressantes, de ansiedade, insegurança, fobias; possuir entusiasmo e dinamismo com os alunos e equipe; superação nas dificuldades e nas crenças limitantes, dentre outros. Concluímos que, profissionais mais preparados mentalmente, tendem a ser mais bem-sucedidos na sua docência.

Busque sua excelência e impacte grandemente seu mundo interno e externo. Espero que este capítulo tenha contribuído para ajudá-lo nesta caminhada rumo a sua missão de vida. Desejo leveza na jornada, desafios que te evoluem, coragem para continuar, celebração em suas conquistas e a prática diária da gratidão.

Do jeito que comecei meu capítulo, também o encerro, com sentimento de gratidão por você existir e assumir este papel incrível, o de educar e, ainda com este sentimento agradeço a todas as pessoas que acreditaram em mim e que contribuíram comigo na elaboração deste capítulo feito especialmente para você, Educador.

Referências

AZEVEDO, V. D. *A desmotivação que afeta professores e alunos*. Campinas: Instituto Brasileiro de Formação de Educadores - Faculdade Unitá, 2017.

BUZAN, T. *Memória brilhante*. Rio de Janeiro: Ed. Sextante, 2009.

LIIMA, W. *Dê um salto quântico na sua vida: como treinar sua mente para viver no presente e fazer o mundo conspirar a seu favor*. São Paulo: Editora Gente, 2017.

MANUAL pedagógico institucional supera ginástica para o cérebro. Supera Editora Cultural Ltda.

PIAZZI, P. *Inteligência em concursos: manual de instruções do cérebro para concurseiros e vestibulandos*. v. 4. São Paulo: Aleph, 2014.